GLÜCKSPRINZIP - POSITIVES DENKEN LERNEN

WIE DU MIT POSITIVER PSYCHOLOGIE HERAUSFORDERUNGEN IM ALLTAG MEISTERST UND DAUERHAFT GLÜCKLICH WIRST

JOHANNES FREITAG

INHALT

EINLEITUNG

„Wenn du die Ziele deines Lebens erreichen willst, musst du mit dem Geist anfangen.“

— OPRAH WINFREY

Braucht die Welt wirklich noch ein Buch über Positives Denken? Ich finde, ja. Denn angesichts dessen, was um uns herum gerade geschieht, können wir gar nicht positiv genug durchs Leben gehen. Covid, Social Distancing, Reisebeschränkungen, vernichtete Existenzen, Brände, Kriege, Flucht und Elend. Wenn man gerade die Zeitung aufschlägt, läuft selbst der überzeugteste Optimist Gefahr, zum Pessimisten zu werden.

Aber das muss nicht sein.

Ja, auch ich fände es im Moment ganz reizvoll, mich in die Zukunft beamen zu können - oder zumindest auf einen anderen Planeten. Leider geht das nicht. Also bleibt uns nur die zweitbeste Möglichkeit: aus diesem Leben, das wir haben, das Beste zu machen. Hier unser Glück zu finden. Und das geht - auch in so schwierigen Zeiten wie diesen.

Für mich gibt es dabei allerdings zwei unumstößliche Grundsätze:

- **Wir haben in jeder Situation in unserem Leben eine Wahl** - und zwar die Wahl, wie wir zu den Ereignissen in unserem Leben stehen. Immer. Ganz egal, ob es ein freudiges oder tragisches Ereignis ist. Die Umstände selbst können wir vielleicht nicht beeinflussen, aber IMMER unsere innere Einstellung dazu. Nur wir entscheiden, wie wir dann darauf reagieren, welche Entscheidungen wir treffen und zu welchen Handlungen wir uns entschließen. Nur wir, niemand sonst. Niemand kann uns zwingen, wütend, traurig, ärgerlich oder eifersüchtig zu sein.
- **Jede Entscheidung, die wir treffen, hat Konsequenzen**. Jede. Auch wenn wir uns entscheiden, gar nichts zu tun, ist das bereits eine Entscheidung, die Konsequenzen haben wird. Nur sind das dann selten die, die wir uns erhofft oder vorgestellt haben.

Bevor ich im Detail in das einsteige, was dich in diesem Buch erwartet, möchte ich kurz ein paar Worte zu dem sagen, was ich unter „Positiven Denken" verstehe. Und ich möchte dazu auf eine Erfahrung in meiner Kindheit zurückgreifen.

Ich war ein eher schüchterner Junge. Ich bin auf dem Land aufgewachsen und hatte meinen Freundeskreis, aber in der Schule - oder auch sonst - hatte ich nie das Bedürfnis, ganz vorne zu stehen. Ich fühlte mich in der zweiten Reihe immer ganz wohl.

Aus diesem Grund hatten meine Eltern mich wohl auch zum Karate-Training angemeldet, als bei uns im Sportverein eine entsprechende Abteilung eröffnet wurde. Ich weiß noch, als wäre es gestern gewesen, wie ich zum Probetraining gegangen bin. Ich kannte niemanden, wollte nicht dort sein und schon gar nicht dort bleiben.

Doch dann passierte etwas. Etwas, das mich sofort vergessen ließ, wie ich mich Sekunden vorher noch gefühlt hatte. Und an das ich bis heute immer wieder zurückdenke, wenn ich wieder einmal das Gefühl habe, weglaufen zu wollen.

Was war passiert?

Der Trainer des Vereins hatte einen kurzen Vortrag darüber gehalten, dass Karate viel mehr sei als ein Kampfsport. Dass man vor allem lernt, sich dem größten und stärksten Gegner zu stellen, dem man in seinem Leben begegnet: sich selbst.

Das habe ich als kleiner Steppke damals natürlich nicht verstanden. Es war auch nicht für mich und die Handvoll anderer kleiner Jungs gedacht. Sondern für unsere Eltern, die bei der Info-Veranstaltung ebenfalls anwesend waren. Im Ort gab es offenbar Vorbehalte, dass das Training aus uns allen prügelnde Prolls machen würde.

Und dann rief der Trainer seinen eigenen Sohn auf die Bühne. Er war genauso schmächtig wie ich und vermutlich auch ungefähr in meinem Alter. Der Trainer stellte sich im Ausfallschritt vor ihm hin, hielt ein quadratisches Brett mit ausgestreckten Armen vor sich und gab seinem Sohn ein kurzes Kommando. Dieser konzentrierte sich, stieß einen Schrei aus und schlug dann zu. Und schon war das Brett sauber in zwei Stücke getrennt. Der Sohn des Trainers ging dann in der Runde herum und zeigte seine Hand. Da waren keine Schwielen, im Gegenteil. Die Hand war nicht kräftiger oder stärker als meine eigene. Es waren auch keine blauen Flecken oder sonstigen Verletzungen zu sehen. Dann durften wir uns alle das Brett ansehen. Es war aus massivem Holz. Keine angesägte Sollbruchstelle oder sonst irgendein Trick. Wir sollten eines der Bretter, die auf der Bühne lagen, auswählen und sein Sohn wiederholte die Übung. Wieder konzentrierte er sich kurz, stieß einen Schrei aus und das Brett war sauber in zwei Teile geteilt.

In diesem Moment wusste ich: Das wollte ich auch können!

Nur wenige Wochen später war ich einer der Kinder auf der Bühne, die bei einer ähnlichen Veranstaltung den Trick vorführen durften. Das war für mich in zweierlei Hinsicht ein Riesenfortschritt: Ich hatte nicht nur gelernt, etwas zu tun, was ich nur kurze Zeit vorher für völlig unmöglich gehalten hatte. Nein, ich machte das auch noch vor Publikum auf einer Bühne.

Ein Freund von mir meinte, dass das ein Taschenspieler-Trick war. Dass es ja eigentlich total einfach ist, mit der richtigen Technik. Damit hatte er nicht unrecht. Der Trick mit dem Holzbrett ist tatsächlich in erster Linie eine Frage der Technik und tatsächlich absolut jeder kann das mit entsprechender Anleitung schaffen. Nur wussten wir Kinder das ja in diesem Moment nicht. Wir GLAUBTEN ja, dass es furchtbar schwer sein muss, und versuchten es trotzdem.

Genau darum geht es mir. Wie leicht etwas wirklich geht, weiß man ja nicht, bevor man es ausprobiert hat. Als ich zum ersten Mal selbst vor diesem Holzbrett stand und zuschlagen sollte, hatte ich Angst. Bei den anderen hatte es so leicht ausgesehen. Was aber, wenn ich es als Einziger nicht schaffen würde? Wenn das Brett bei mir ganz blieb und ich mir fürchterlich weh täte? Aber ich wollte es unbedingt schaffen - und nach einigen inneren Kämpfen habe ich mich selbst überwunden. Das Gefühl, als das Brett gleich beim ersten Versuch in zwei Teile auseinander flog, war unbeschreiblich! Und wenn das ein Taschenspielertrick war, meinetwegen. Mich hat es damals eine ganz wichtige Lektion gelehrt: Es ist völlig okay, Angst und Zweifel zu haben. Wichtig ist, dass man irgendwann den Fokus auf das richtet, was man eigentlich erreichen möchte. Und ganz tief drin daran glaubt, dass man es schaffen kann. Und es dann auch ohne Zaudern tut.

Was ich hiermit sagen will, ist Folgendes: Eine positive Einstellung zum Leben hat mit „magischem Denken" oder einer „rosaroten Brille" nichts zu tun. Nur mit dem Glauben daran, dass ich es schaffen kann, wäre das Brett trotzdem nie zerbrochen. Und ich wäre nicht zum ersten Mal in meinem Leben auf einer Bühne in einer voll besetzten Sporthalle gestanden, ohne mir vor Angst beinahe in die Hose zu machen. Ich musste der inneren Überzeugung eine Handlung folgen lassen.

Genau darum soll es in diesem Buch gehen.

Ich habe am eigenen Leib erfahren müssen, wie schnell sich Lebensumstände dramatisch ändern können. Wie schnell Dinge, die man für selbstverständlich erachtet hat, auf einmal nicht mehr da sind. Wie schnell einem der wichtigste Mensch im Leben abhanden kommen kann und man von einem Tag auf den anderen vor existentiellen Problemen steht. Positives Denken heißt nicht, so zu tun, als gäbe es all das nicht. Als wäre das ganze Leben ein Ponyhof. Positives Denken ist für mich eine innere Einstellung: Dass ich überwinden kann, was auch immer das Leben mir an Hindernissen in den Weg wirft. Dass es immer eine Lösung gibt und ich sie nur finden muss.

Mir ist bei aller Dramatik meiner eigenen Geschichte völlig klar, wie viel Glück ich trotz allem hatte. Und ich bin mir auch bewusst, dass es da draußen im Moment Menschen gibt, die so tief in einer Depression stecken, dass sie keinen Sinn mehr im Leben sehen und keine Kraft mehr haben, weiterzumachen. Hier lautet meine Botschaft keineswegs, dass diese Menschen sich nur etwas mehr zusammenreißen müssen und das Positive in ihrer Situation sehen. Das wäre blanker Hohn! Nein, wenn du selbst in so einer Situation steckst, ist der Weg vor dir kein einfacher. Aber es gibt ihn, diesen Weg. Ich weiß das, weil ich ihn selbst beschritten habe.

In diesem Buch habe ich alles zusammengetragen, was mir auf meinem Weg geholfen hat. Sowohl ganz einfache praktische Übungen als auch aktuelle Studien und Forschungsergebnisse zu all dem, was unser Gehirn tatsächlich zu leisten in der Lage ist, wenn wir es denn lassen.

Ganz konkret wird es darum gehen:

- Konstruktiv mit schwierigen Lebenssituationen und Krisen umgehen
- Deine Stärken nutzen und darauf aufbauen
- Durch den positiven Fokus zunehmend echte Gelegenheiten erkennen und nutzen
- Resilienz entwickeln - die Fähigkeit, sich schnell von Rückschlägen zu erholen und auf einen positiven Weg zurückzukehren
- Eine generell positive Lebenseinstellung entwickeln

Eines vorab: Niemand ist ausschließlich immer positiv drauf. Es gibt für jeden Menschen gute und schlechte Tage und es gibt auch Situationen, denen man so gar nichts Positives abgewinnen kann. Der Unterschied ist die innere Einstellung. Glaube ich daran, dass ich nur ein Tal durchschreite und bald wieder das Licht der Sonne sehe? Oder verliere ich mich in meinem Elend? Gebe ich mich vielleicht ganz auf, weil ich nicht daran glaube, dass sich daran noch etwas ändern wird, obwohl die Lösung vielleicht schon in greifbarer Nähe wäre?

Das hat nicht nur psychische Auswirkungen (wobei die schon schlimm genug sind). Wie ich ausführen werde, hat die innere

Einstellung sehr starke Auswirkungen auf die körperliche Gesundheit. Wer positiv denkt, lebt tatsächlich länger und bleibt länger gesund. Und nicht nur das. Es gibt Hinweise darauf, dass auch das Glück dem Optimisten eher hold zu sein scheint.

Das legen zumindest die Forschungsergebnisse von Professor Richard Wiseman von der Universität von Hertfordshire in England nahe. Er ist zugegebenermaßen eine recht schillernde Persönlichkeit. Als Teenager wollte er eigentlich Magier werden. Heute, als Professor, verbringt er einen großen Teil seiner Zeit damit, alles Übernatürliche und scheinbar Magische zu widerlegen. Er ist auch Mitglied einer Geheimgesellschaft in Edinburgh, die sich der „Neugierde" verschrieben hat. Auf den ersten Blick also niemand, den man mit akademischen Würden in Verbindung bringen würde. Aber weit gefehlt. Er ist ein international anerkannter, unglaublich produktiver Forscher, Dozent und Autor. Er widmet sich in seinen Werken unter anderem dem Thema Glück (im Sinne von Glück haben, nicht glücklich sein). Nach meiner Einleitung dürfte es für dich wenig überraschend sein, dass für ihn „Glück" nichts mit einer Fügung des Schicksals zu tun hat, sondern ausschließlich mit der inneren Einstellung.

Er hat dazu mehrere groß angelegte Studien durchgeführt. In einer davon wurden Teilnehmer gebeten, alle Fotos in einer bestimmten Ausgabe einer großen Tageszeitung zu zählen. Vorher wurden die Probanden befragt, wie sie sich selbst einschätzen würden: eher als Optimisten oder als Pessimisten. Dann sollten sie loslegen. Was niemand wusste: Professor Wiseman hatte in derselben Zeitung großformatige Anzeigen geschaltet, in denen stand: „Hören Sie auf zu zählen, gehen Sie zum Leiter (des Experiments) und zeigen Sie ihm diese Anzeige. Sie werden dafür 250 Pfund ausbezahlt bekommen." Der weitaus größere Teil der Optimisten fand die Anzeige und holte sich das Geld, aber nur ein kleiner Teil der Pessimisten.

Professor Wiseman glaubt, dass Menschen mit einer positiven Lebenseinstellung eher mit positiven Ereignissen rechnen, sie dadurch die entsprechenden Gelegenheiten erkennen und dann, weil sie einen guten Ausgang erwarten, diese auch nutzen. Was für Außenstehende oft so aussieht, als hätte jemand einfach nur unverschämt viel Glück im Leben, hat für ihn fast ausschließlich mit einer inneren Einstellung zu tun. Dazu werde ich mich im Buch noch ausführlicher äußern.

Auch gesundheitlich scheint sich Optimismus positiv auszuwirken. Forscher der Universität Connecticut begleiteten über mehrere Jahrzehnte Studenten, die während des Studiums einen Fragebogen ausgefüllt hatten, nachdem sie in tendenziell eher pessimistisch und tendenziell eher optimistisch eingeteilt wurden. Anschließend wurden sie über 40 Jahre lang immer wieder befragt. Die Studie insgesamt ist sehr umfangreich. Besonders interessant ist aber, dass die Pessimisten ein 42 Prozent höheres Risiko haben, deutlich früher zu sterben als diejenigen, die positiv unterwegs sind. Oder umgekehrt: Wer positiv denkt, hat eine 42 Prozent höhere Chance, gesund alt zu werden.

In eine ähnliche Richtung gehen die Untersuchungen zu den sogenannten „Blue Zones". Darunter versteht man die fünf Gebiete auf der Erde, in denen überdurchschnittlich viele Menschen 100 Jahre und älter werden - und das bei guter körperlicher und geistiger Verfassung. Es geht hier nicht um absolute Zahlen, sondern um Prozente an der Gesamtbevölkerung.

Die Lebensumstände dieser Menschen sind recht unterschiedlich. Auch die Ernährung, auch wenn es hier auf einer sehr allgemeinen Ebene durchaus Ähnlichkeiten gibt. Allen fünf Zonen gemeinsam ist jedoch ein reiches Sozialleben, also enge Bindungen zu Freunden, Familien und einer Community. Und eine ausgesprochen optimistische, positive Lebenseinstellung.

Die gute Nachricht dabei: Auch wenn die Gene eine gewisse Ausrichtung mit beeinflussen, so ist der Einfluss deutlich geringer als zum Beispiel der des Umfelds: von Freunden, Familien, Lehrern in der Schule und so weiter. Von allem also, was wir im Laufe unseres Lebens lernen und uns angewöhnen. Und all das können wir natürlich auch wieder verlernen oder einfach neu lernen. Es ist daher möglich, sich eine gesunde, reflektierte positive Lebenseinstellung anzutrainieren, selbst wenn man vorher sehr pessimistisch unterwegs war.

Und in diesem Buch erkläre ich dir, wie das geht. Dabei werde ich auch immer wieder kleine Übungen vorstellen, die dir dabei helfen, selbst zum überzeugten Optimisten aus Gewohnheit zu werden. Die Übungen stehen dabei im Kontext des jeweiligen Kapitels und werden nur so umfangreich beschrieben, wie es für das Verständnis notwendig ist. Damit du aber erstens die Übungen gut nachvollziehen und später leicht finden kannst, habe ich sie im letzten Kapitel noch einmal aufgelistet und dort sehr detailliert beschrieben.

...UND WARUM GLAUBE ICH, EIN BUCH ZUM THEMA „POSITIVES DENKEN" SCHREIBEN ZU KÖNNEN?

Nun, ich bin ein ganz normaler Anfang-Fünfziger. Ich bin weder Arzt noch Psychologe, noch habe ich eine Ausbildung zum Coach. Was ich habe, ist persönliche Erfahrung und der Glaube daran, dass das, was mir in der dunkelsten Zeit meines Lebens geholfen hat, auch anderen eine Stütze sein kann.

Vor gut fünf Jahren habe ich bei einem Autounfall meine Frau verloren - und ich bin selbst nur gerade so davongekommen. Ich war nicht schuld an dem Unfall, aber ich saß am Steuer. Und wenn man dann aus dem Koma erwacht und nach und nach feststellen muss, was alles nicht mehr da ist und nicht mehr geht, ist die rechtliche Schuldfrage zunächst einmal völlig nachrangig.

Der Verlust meiner Frau belastet mich bis heute. Wir hatten uns kurz vor dem Unfall noch gestritten. Natürlich frage ich mich immer wieder, ob ich eventuell anders reagiert hätte, wenn ich nicht so mit meinem eigenen Ärger beschäftigt gewesen wäre. Alle Experten, die den Unfall untersucht haben, sagten nein. Aber das war eine Information, die auf rationaler Ebene Sicherheit gab. Emotional sah das ganz anders aus. Da fehlte auf einmal der geliebte Mensch, die Mutter meiner Töchter. Und ich selbst lag im Krankenhaus, selbst schwer verletzt und mit der Aussicht, möglicherweise nie mehr richtig gehen zu können. Vielleicht nicht mehr arbeiten zu können. Was sollte aus meinen Töchtern werden? Meine Eltern waren schon recht betagt, auf sie konnte ich nicht dauerhaft alles abwälzen.

Damals, im Krankenhaus, bin ich in einem schwarzen Loch versunken. Ich hatte mich vorher als durchaus starken Menschen wahrgenommen, der mit beiden Beinen fest im Leben steht. Ich war beruflich erfolgreich, hatte eine großartige Frau, zwei wundervolle Töchter, ein Haus und ein Auto der oberen Mittelklasse. Wir waren der personifizierte deutsche Mittelstandstraum.

Nach dem Unfall fühlte ich mich, als wäre ich gescheitert, als wäre ich auf einmal nichts mehr wert. Meine Frau war tot, ich selbst kämpfte mit Lähmungen in den Beinen, meine berufliche Zukunft sah alles andere als rosig aus. Würde ich überhaupt wieder arbeiten können? Diese Frage stellte ich mir damals mehr als einmal am Tag. Alles, was ich vor mir sah, waren Katastrophen, unüberwindbare Hindernisse und eine endlose Kette an Schwierigkeiten. Ich fühlte mich elend und sah keinen Weg aus der Misere.

In diesen dunklen Tagen wurde mir geholfen. Aber anders, als ich das damals erwartet und vielleicht auch erhofft hätte. Ich hatte tief in mir drin die Hoffnung, dass alles auf magische Weise wieder in Ordnung kommen würde. Dass ich eines Morgens aufwache und ganz normal gehen könnte. Dass ich mein Leben wieder weiterleben könnte wie früher und irgendwann all das nur noch eine dunkle Erinnerung wäre - wie nach einem schlimmen Traum.

Doch die Realität ließ sich nicht einfach wegträumen. Genauso wenig wie die Tatsache, dass meine Töchter zwar für ihr Alter schon sehr selbständig waren, aber mich als Teenager durchaus noch brauchten. Meine körperlichen Symptome würden auch nicht einfach so verschwinden. Dass ich das wirklich kapierte, dafür sorgte eine der Therapeutinnen im Krankenhaus, die mir eines Morgens ordentlich die Leviten las - und mich dadurch aus meinem Selbstmitleid aufrüttelte.

Das war gleichzeitig der Punkt, an dem es langsam wieder aufwärts ging. Körperlich ging es mir recht schnell besser, wenn ich auch noch lange mit den Lähmungen zu kämpfen hatte. Aber der Tod meiner Frau lastete schwer auf mir und ich fühlte mich unseren Töchtern gegenüber schuldig. Ich hatte keinerlei Antrieb mehr, kein Energie. Das ganze Leben wirkte düster, schwer und freudlos.

Mir ist bewusst, dass ich damals eine depressive Phase durchgemacht habe. An Selbstmord hatte ich zwar nie gedacht - zumindest nicht daran, mir selbst etwas anzutun. Allerdings gefiel mir der Gedanke durchaus, einfach eines Morgens nicht mehr aufzuwachen.

Weshalb ich nun stattdessen dieses Buch schreibe, hat mit meinen Erfahrungen aus den Wochen und Monaten nach meinem Unfall zu tun. Ich habe in verschiedenen Trauergruppen Menschen kennengelernt, die mit unglaublicher Stärke und einem inneren Leuchten (mir fällt dazu kein besserer, rationaler Begriff ein) für uns alle zu Vorbildern wurden. Es hatte zwar eine Weile gedauert, bis ich den Fokus wieder von meinem Selbstmitleid weg und auf die Welt um mich herum bewegen konnte. Aber als ich soweit war, trieb mich die eine Frage an: Warum gehen einige der Leute, die ich in diesen Trauergruppen und auch in der Reha traf, so anders mit ihrer Situation um, obwohl es sie zum Teil viel schlimmer getroffen hatte als mich? Irgendwann wusste ich: Ich möchte so sein wie diese Menschen.

An dieser Stelle möchte ich eines betonen: Ich hatte Glück, diese Menschen zu treffen, von denen ich lernen konnte. Ich weiß aber, dass das alleine noch keinen Unterschied macht. Ich behaupte nicht, dass man sich Depressionen einfach „schön" denken kann - denn das ist nicht der Fall. Solltest du mental und emotional in einem tiefen Loch stecken, aus dem du keinen Ausweg mehr siehst, dann such dir Hilfe. Echte Hilfe von echten Menschen. Es ist keine Schande!

Aber gleichzeitig habe ich erlebt, dass die innere Einstellung einen riesigen Unterschied macht, wie man diesen Weg erlebt. Wie viel man dabei lernt, über sich selbst und wozu man selbst tatsächlich in der Lage ist.

Ein Freund von mir sagte einmal „Die Abwesenheit von Unglück bedeutet nicht die Anwesenheit von Glück". Er hat das Zitat irgendwo „aufgeschnappt" und sollte ich herausfinden, wer es tatsächlich als erstes gesagt hat, werde ich es an dieser Stelle natürlich erwähnen. Aber für mich war das einer der Wendepunkte auf meinem Weg, wieder gesund zu werden. Ich wollte nicht die körperlichen und seelischen Beschwerden loswerden, ich wollte mehr! Ich wollte wieder glücklich sein, mich am Leben erfreuen. Mir wurde klar, dass ich mein Ziel höher stecken musste - quasi auf diesen Punkt hinter dem Holzbrett zielen, wie damals in meinen ersten Karate-Stunden.

Und das habe ich geschafft. Mehr noch: Ich bin heute ein sehr viel zufriedenerer und gesünderer Mensch als jemals vorher. Ich habe auf dieser Reise gelernt, wie man im Hier und Jetzt auch über die kleinen Dinge im Leben glücklich sein kann. Und ich möchte das, was ich gelernt habe, mit dir teilen. Aus der Sicht eines ganz einfachen Menschen, der vieles von dem, was du in diesem Buch finden wirst, vor dem Unfall als Humbug und esoterischen Quatsch abgetan hätte.

Meine eigenen Erfahrungen haben mich jedoch gelehrt, dass es sich lohnt, Augen und Herz offen zu halten für andere Lösungen. Und die moderne Wissenschaft bestätigt inzwischen, warum das so ist. Ich habe eine Reihe von Studien zusammengetragen, die untermauern, was ich am eigenen Körper und Geist erfahren habe.

Mit diesem Buch mache ich mich noch einmal auf die Reise von meiner dunkelsten Zeit bis dahin, wo ich heute stehe. Und ich möchte dich einladen, mich auf dieser Reise zu begleiten.

1

DIE SACHE MIT DEM
SÄBELZAHNTIGER

„Ein Pessimist zu sein hat den Vorteil, dass man entweder ständig recht behält oder angenehme Überraschungen erlebt."

— GEORGE WILL

---

*J*ch bin sicher, dir kommt das bekannt vor: Jeder von uns kennt jemanden, der den ganzen Tag mit schlechter Laune herumzulaufen scheint. Der an allem immer etwas auszusetzen hat. Da ist der Kollege, der immer sofort ein Gegenargument hat, egal was du vorbringst. Oder die alte Freundin der Familie, die sich ständig darüber beklagt, wie übel ihr das Leben mitgespielt hat. Die ihrer Ansicht nach immer das Pech anzieht, wie das Licht die Motten und die es mit ihrem Pessimismus schafft, auch dich runterzuziehen. Du hast ihr vielleicht erzählt, dass du mit deiner Familie einen ganz besonderen Urlaub planst. Du möchtest vielleicht eine lange Wanderung durch Nepal machen oder sonst ein richtiges Abenteuer. Sie jedoch weiß sofort eine Geschichte von jemandem zu erzählen, der genau auf so einer Tour schwer erkrankt ist und dabei fast gestorben wäre.

Hand aufs Herz: Wie geht es dir mit diesen Leuten und in diesen Situationen? Ich zumindest möchte da immer so weit wegrennen wie möglich. Auch früher schon, als ich solche Dinge nicht wirklich reflektiert habe. Wenn ich mich auf etwas freue, mag ich nicht hören, wie gefährlich, unsinnig, teuer oder idiotisch meine Pläne sind. Dann möchte ich, dass mein Umfeld - die Menschen, die mir wichtig sind - sich mit mir freuen.

Aber leider sind wir Menschen etwas anders gestrickt. Wobei: „Leider" ist hier falsch. Denn ein gesundes Maß an Skepsis schadet nie, egal wie euphorisch wir über ein Vorhaben sind. Und das hat die Natur auch genauso vorgesehen.

Vor 15 Millionen Jahren, als unsere Vorfahren von den Bäumen heruntergestiegen sind, waren sie noch auf derselben Stufe wie alle anderen Tiere um sie herum. Wenn sie Glück hatten, fanden sie genug zu essen für die ganze Familie. Wenn nicht, wurden sie selbst gegessen. In der Zeit war es überlebensnotwendig, bei einem Rascheln im Gebüsch die Beine in die Hand zu nehmen - und nicht neugierig nachzuschauen. Unsere ältesten Vorfahren waren schwach und hatten selbst viele Fressfeinde. Ein waches Bewusstsein, das Gefahren frühzeitig erkannte, sorgte für den Erhalt der Spezies. Und das ging über viele Millionen Jahre so weiter.

In all der Zeit haben wir uns natürlich weiter entwickelt. Wir lernten, aufrecht zu gehen, einfachste Werkzeuge wie Faustkeile und Äxte zu verwenden, mit denen sich die Schädel von Beutetieren einschlagen ließen. Wir lernten, miteinander zu kommunizieren und uns abzustimmen. Wir lernten, die Felle von Beutetieren zu Kleidung zu verarbeiten, die uns im Winter vor Kälte schützte.

Neuesten Erkenntnissen zufolge beherrschten schon die frühesten, aufrecht gehenden Menschen - der Homo Erectus - vor gut 1,7 Millionen Jahren das Feuer, was zusätzliche Vorteile brachte: Es schützte vor Wildtieren und garantierte Wärme während der kalten Jahreszeit. Lebensmittel kochen zu können erweiterte die Menge dessen, was unseren Vorfahren überhaupt an Essen zur Verfügung stand. Fleisch wurde genießbarer, aber auch Wurzeln und Knollen konnten verwendet werden. Der Speiseplan wurde umfangreicher, gesünder und nachhaltiger verfügbar. Was wiederum dafür sorgte, dass ausreichend Energie für die Entwicklung unserer Gehirne zur Verfügung stand.

Erst vor rund 300 000 Jahren jedoch entstand das, was man den modernen Menschen nennt: den Homo Sapiens. Die frühesten Funde stammen aus Afrika und es gilt heute als gesichert, dass um die Zeit herum auch die Verbreitung dieser frühen Menschen über den gesamten Kontinent und dann über den Rest der Welt begann.

Heute weiß man, dass dies nicht linear geschah. Offenbar hatten sich an verschiedenen Orten verschiedene Menschen unabhängig voneinander entwickelt. Eine Zeit lang ging die Wissenschaft davon aus, dass der Homo Sapiens die anderen Gattungen Mensch - wie zum Beispiel den Neandertaler - kurz nach dem Aufeinandertreffen ausgerottet hat. Dank der Genetik weiß man heute, dass eher eine Vermischung stattgefunden hat, denn bis heute sind in uns Gene der frühen Neandertaler nachweisbar.

Aber ich schweife ab.

Vor rund 30 000 Jahren war aus den ursprünglich sehr einfach gestrickten Menschen, die in kleinen Familienverbänden durch die Savanne streiften, eine Spezies aus hoch spezialisierten Jägern geworden. Es gibt Belege, dass der frühe Mensch zu der Zeit bereits Wölfe domestiziert und für die Jagd abgerichtet hatte. Zu der Zeit hatte der Mensch auch gelernt, in Verbänden

Jagd auf wesentlich größere und gefährlichere Tiere zu machen, sich abzustimmen, zu planen und entsprechend zu kommunizieren.

Was ich sagen möchte, ist Folgendes: In all der Zeit hat sich unser Gehirn zwar deutlich vergrößert und weiterentwickelt, aber es hat sich nicht komplett verändert. Wir alle haben noch immer die frühesten Teile des Gehirns, das in der Form auch schon unseren ältesten Vorfahren vor einigen Millionen Jahren zur Verfügung stand. Darum herum haben sich aber mit zunehmender Komplexität der Lebensumstände neue Teile entwickelt.

Wenn man die gesamte Entwicklung der Menschheit auf einen Tag reduzieren würde, dann hatte beinahe die gesamten 24 Stunden lang der emotionale / tierische Teil unseres Gehirns das Sagen und erst die letzten paar Minuten davon kam der neuere Teil dazu. Der Teil, der uns in die Zukunft denken lässt. Der uns strategische und rationale Entscheidungen treffen lässt. Der uns in die Lage zur Selbstreflexion versetzt und dazu, aus Fehlern entsprechend zu lernen. Der uns aktiv an Beziehungen arbeiten lässt, weit über das ursprüngliche Konzept, dass nur der Stärkste überlebt, hinaus.

Aber gerade der letzte Teil ist ursächlich dafür, dass wir noch heute tendenziell eher vom Schlimmsten ausgehen. Über Millionen von Jahren haben vor allem die von uns überlebt, die besonders skeptisch und besonders misstrauisch waren. Die bei einem Angriff schneller reagieren und vielleicht auch fester zuschlagen konnten. Oder bei der Flucht schneller laufen konnten. Lapidar ausgedrückt, war das wie im Tierreich eine natürliche Auslese, die auch genetisch ihre Spuren hinterlassen hat.

Wenn wir heute Stress empfinden, reagiert nicht der moderne Teil des Gehirns, sondern tatsächlich der älteste Teil, der noch aus den Anfängen in der Savanne stammt. Und der kennt nur zwei Optionen: Flucht oder Angriff. Eventuell noch totstellen, denn auch das war eine durchaus erfolgreiche Strategie.

Da wir heute nicht mehr mit Säbelzahntigern zu tun haben, sollte der alte Teil des Gehirns eigentlich weniger Arbeit haben. Leider ist das nicht der Fall. Unser Gehirn kann nämlich nicht zwischen echten und eingebildeten Gefahren unterscheiden. Hier ist der alte Säbelzahntiger so real wie die Angst vor Kündigung, weil der Chef uns aus heiterem Himmel angepflaumt hat. Unsere Sinne melden dem Gehirn: Da lauert Gefahr. Dann läuft ein uraltes Programm ab und zwar in Sekundenbruchteilen. Stresshormone wie Cortisol und Adrenalin werden ausgeschüttet. Der neueste Teil des Gehirns wird kurzerhand abgeschaltet, denn es ist keine Zeit für tiefgreifende Reflexionen. Jetzt geht es darum, ganz schnell zu entscheiden, ob Angriff oder Flucht die bessere Option ist.

Bei dem Beispiel mit dem Chef ist Angriff vermutlich die denkbar schlechteste Alternative, es sei denn, man hat Interesse an einer weiteren Eskalation. Die meisten von uns werden sich instinktiv zurückziehen. Erschrocken, vielleicht auch eingeschnappt. Aber auf alle Fälle in irgendeiner Form emotional berührt. Und dann geht die Grübelei los: Warum hat er das gesagt? Laufe ich Gefahr, gekündigt zu werden? Was kann ich tun?

Wenn es dir in solchen Situationen so geht wie mir, dann setzt du dich nicht ruhig an den Tisch und reflektierst sachlich über die Alternativen, die dir bleiben. Dann geht ein Gedankenkarussell los, das manchmal bis weit in die Nacht weiterläuft. Da ist so ein Knoten im Bauch, ein Kloß im Hals, das Herz rast - und kein vernünftiger Gedanke möchte sich einstellen.

Und genau darum geht es in diesem Buch.

Denn wir haben tatsächlich die Macht, das zu beeinflussen. Wir haben es in der Hand, in solchen Momenten den neuesten Teil unseres Gehirns einfach wieder anzuschalten. Und dem Dinosaurier in unserem Kopf zu sagen, dass er jetzt einmal Sendepause hat. Liebevoll und mit Dankbarkeit zwar, aber trotzdem konsequent.

Die erste Reaktion unseres „Affenhirns" ist ja ein uraltes Programm, das uns schützen möchte. Es ist nicht unser Feind. Negative Ereignisse können im Zweifelsfall auch heute schlimmere Folgen haben und unser Leben stärker beeinflussen als positive Ereignisse. Darum achten wir auch heute noch mehr darauf und erinnern uns länger daran, als an die Dinge, die uns Freude bereitet haben.

Aber nach dem ersten Signal - „Achtung, Gefahr!" - ist es wichtig, ganz schnell wieder auf den rationalen Teil unseres Gehirns zuzugreifen, um eine passende und vor allem nachhaltige Lösung zu finden. Denn letzteres schaffen wir weder durch Flucht, noch durch Angriff oder dadurch, dass wir uns tot stellen, bis der Sturm vorüber gezogen ist.

Das ist relativ einfach zu lernen und auch keine ganz neue Erkenntnis. Meine Großmutter hat mir beigebracht, jedes Mal, wenn ich wütend auf jemanden wurde, zuerst einmal dreimal zu schlucken. Damals wusste sie noch nicht, warum das wirklich funktioniert. Aber DASS es funktioniert, habe ich selbst mehrfach erlebt.

Wenn das Affengehirn in als Gefahr erlebten Situationen am Steuerhebel sitzt, werden alle anderen Körperfunktionen heruntergefahren. Der Knoten im Magen ist fast wörtlich zu nehmen. Unter Stress wird der Stoffwechsel heruntergefahren. Wer eine Diät macht in Zeiten, in denen er oder sie beruflich oder privat viel Stress hat, wird ein Lied davon singen können: Der Zeiger auf der Waage bewegt sich keinen Millimeter. Das liegt an unserem Urzeit-Gefahrenprogramm. Alles, was nicht unmittelbar dem Überleben dient, wird ausgeschaltet. Dazu gehört die Aufnahme von Essen, die Verdauung, selbst der Drang, Pinkeln zu gehen. Der Atem wird flach und kurz. Alle verfügbare Energie geht in die Muskeln, um sich entweder ganz schnell zur Wehr oder eben ganz schnell absetzen zu können.

Wenn dich jemand richtig ärgert. So sehr, dass du wütend wirst, startet auch das unser Urzeitprogramm. Ärger und Wut sind Reaktionen auf einen Angriff, der als gefährlich empfunden wird. Mit dem Tipp meiner Großmutter, drei Mal zu schlucken, zwingst du deinen Körper, etwas zu tun, was im Notprogramm gar nicht geht. Probiere es einmal aus. Wenn du gerade richtig wütend bist, wirst du dich sehr schwer tun mit dem ersten Mal. Du musst dich richtig konzentrieren. Und was passiert dabei? Genau! Du schaltest den rationalen Teil deines Gehirns wieder ein, der sogenannte präfrontale Cortex. Und auf einmal kommen dir andere Ideen zur Lösung, die weit über „dem scheuer' ich jetzt eine" hinausgehen.

DU FRAGST DICH JETZT VIELLEICHT, WAS ALL DAS MIT POSITIVEM DENKEN ZU TUN HAT?

Nun, eine ganze Menge.

Wenn wir in einer als Gefahr erlebten Situation gefangen sind, bestimmt unsere prinzipielle Ausrichtung als Optimist oder Pessimist sehr stark mit, wie wir aus so einer Situation wieder herauskommen. Reagieren wir eher negativ auf Herausforderungen, gehen wir von einem schlimmen Ausgang aus. Dann wird es uns schwerer fallen, das Urzeitprogramm zu stoppen und nach rationalen, stressärmeren Lösungen zu suchen. Gehen wir davon aus, dass es eine gute Lösung gibt und wir die auch finden

werden, erleben wir von vornherein geringere Stresslevel. Dann
können wir auch in schwierigeren Situationen besonnener
reagieren und verhindern so, dass unser präfrontaler Cortex zu
schnell ausgeschaltet wird.

Nun kommt zunächst einmal eine schlechte Nachricht. Ob wir
eher optimistisch oder pessimistisch veranlagt sind, ist zum Teil
in unserem Erbgut festgelegt. Es gibt tatsächlich ein Gen, dem
eine Verbindung zu einer eher pessimistischen Veranlagung
nachgewiesen wurde.

Interessanterweise ist die genetische Veranlagung zu Pessimismus in Europa deutlich weiter verbreitet als zum Beispiel in
Afrika, wo vermutlich die Wiege der Menschheit stand. Hierzu-
lande haben fast 40 Prozent der Menschen dieses Gen, in Afrika
sind es nur rund zehn Prozent.

Aber die Unterschiede zwischen den Kontinenten sind zunächst
einmal nicht weiter relevant. Hier geht es um dich als Indivi-
duum und wie du die Kraft des positiven Denkens nutzen kannst,
leichter mit Herausforderungen des Lebens klar zu kommen.

Und da habe ich eine gute Nachricht: Die genetische Veranlagung ist nur zu maximal 40 Prozent dafür verantwortlich, wie
wir uns fühlen. Der weitaus größere Teil wird durch frühkind-
liche Erfahrungen, durch die Prägung aus Elternhaus, Schule und
Gesellschaft und durch das, was wir im Laufe eines Lebens sonst
irgendwie lernen, bestimmt. Und alles, was man einmal gelernt
hat, kann man wie bereits erwähnt auch wieder „ent-lernen".
Auch wenn das zugegebenermaßen nicht einfach ist. Lieb
gewordene Gewohnheiten aufzugeben kann zu einem wahren
mentalen Marathon werden.

Aber um es noch einmal zu betonen: Mehr als die Hälfte dessen,
was unsere Persönlichkeit ausmacht, haben wir also selbst in der
Hand. Ich finde, das ist eine gute Nachricht. Zumal es ja über-

haupt nicht darum geht, nie mehr negativ zu denken oder skeptisch zu sein. Ganz im Gegenteil.

Als ich vor rund fünf Jahren im Krankenhaus aus dem Koma erwacht bin, war ich ein ganz anderer Mensch als heute. Ich hielt mich immer schon, nicht erst nach dem Unfall, für einen „Realisten". In Wirklichkeit war ich ziemlich pessimistisch unterwegs. In der Firma spielte ich sehr gerne den „Advocatus Diavoli", also die mahnende Stimme. In Sitzungen unseres Teams war ich es, der die kritischen Punkte aufs Tablett brachte. Und ich dachte, ich täte unserem Team damit einen Gefallen. Sagt man nicht auch: Gefahr erkannt, Gefahr gebannt?

Ich war felsenfest davon überzeugt, dass ich richtig lag. Die Projekte, die wir vorantreiben sollten, waren technisch komplex und hatten enge Deadlines. Personell waren wir, wie eigentlich in fast allen Projekten üblich, auch nicht wirklich ausreichend besetzt. Einige von uns waren Spezialisten und verschiedenen Projekten zugeordnet. Auf dem Papier ergab das Sinn: Ihre Expertise war nicht rund um die Uhr benötigt und wenn man es schlau anstellte, konnten sie tatsächlich in allen Projekten eingesetzt werden, ohne an ihre Belastungsgrenzen zu kommen.

Das Problem bei der Sache war, dass das nur dann funktionieren konnte, wenn wir vorher die tatsächlichen Zeiten genau einplanten. So dachte ich zumindest. Sonst würde es - wie immer - passieren, dass zu einem bestimmten Zeitpunkt drei Projekte gleichzeitig die Unterstützung eines Kollegen benötigten, was dann natürlich nicht ging.

Aber ich konnte mich nicht durchsetzen, was im Rückblick betrachtet natürlich ebenfalls Sinn ergibt. Kein Projekt lässt sich auf den Tag genau im Ablauf vorhersagen. Und auch im Leben der betroffenen Kollegen konnte es unvorhergesehen Ereignisse geben, die in keinem Projektplan auftauchen würden. Mit meinem Bestreben jedoch, alle Eventualitäten mit einem Plan abzudecken, nervte ich nicht nur alle Beteiligten, ich sorgte auch für eine schlechte Stimmung. Wir waren von Anfang an pessimistisch, das Projekt überhaupt stemmen zu können.

Mein Unfall riss mich aus der Projektleitung und ein Kollege musste übernehmen. Er war ganz anders als ich. Er glaubte daran, dass jedes Problem lösbar war, wenn man flexibel genug blieb. Anstelle jede mögliche Katastrophe durchzudenken, machte er mit dem Team einen Workshop. Dabei legten sie fest, was sie wirklich brauchten, damit das Projekt erfolgreich wird. Natürlich kamen dabei auch so Dinge wie „ausreichend Budget", „mehr Zeit" und „zusätzliches Personal" zur Sprache. Aber nach einigen intensiven Diskussionen machte das Team sich daran, unter den bestehenden Voraussetzungen erfolgreich zu sein. Und das, obwohl der bisherige Projektleiter im Koma lag und der unerfahrene Neue quasi im Galopp ein laufendes Projekt hatte übernehmen müssen.

Am Ende des Workshops kamen Maßnahmen heraus, die nicht GEGEN fiktive Probleme wirken sollten, sondern DAFÜR sorgten, dass vor wichtigen Entscheidungen alles vorhanden war, um weitermachen zu können. Das hieß im Detail: Was ist das Mindeste, was wir zum Stichtag X wirklich umgesetzt und entschieden haben müssen, um trotzdem noch rechtzeitig fertig zu werden.

Ich möchte dich jetzt nicht mit den Details langweilen. Aber der Effekt auf das Team war natürlich sehr viel positiver, als meine Liste an möglichen Katastrophen, auf die wir vorbereitet sein mussten. Erstens hatten wirklich alle das Gefühl, etwas zu einem erfolgreichen Ausgang beitragen zu können, und nicht abhängig zu sein von „oben" oder „außen", weil die Rahmenbedingungen so schlecht waren. Gleichzeitig ließ der Ansatz des Kollegen genug Flexibilität, um tatsächlich im Zweifelsfall eine bessere Lösung zu finden, als das im Vorausblick möglich wäre.

Und wo liegt jetzt die Verbindung zu positivem Denken?

Der Kollege ging in seinem Ansatz davon aus, dass das Projekt erfolgreich zu Ende geht, egal was passiert. Meine innere Überzeugung dagegen war, dass das Projekt nur dann NICHT scheitern würde, wenn wir alle Eventualitäten im Vorfeld schon abgedeckt hatten.

Der Kollege vertraute darauf, dass jeder im Team fähig und engagiert war und im Zweifelsfall bei Problemen sich entweder rechtzeitig melden oder sogar eigenständig innerhalb des deutlich flexibleren Rahmens eine Alternativlösung finden würde. Ich glaubte, dass es meine Rolle als Projektleiter war, meine Leute zu schützen. In Wirklichkeit hielt ich sie an der kurzen Leine und ließ ihnen überhaupt keinen Raum, ihre Erfahrung und Sicht der Dinge effektiv einzubringen.

Ich ging bei dem Projekt davon aus, dass wir viel zu wenig Zeit und Leute zur Verfügung hatten. Egal, wie ich den Plan aufstellte, ergaben sich immer wieder Zeiten, in denen es ausgesprochen unwahrscheinlich war, die notwendigen Ressourcen ausreichend zur Verfügung zu haben. Mein Kollege dagegen identifizierte zuerst die Bereiche, die im Zweifelsfall wirklich das Projekt zum Scheitern bringen konnten. Dann setzte er sich mit den Experten für den jeweiligen Bereich zusammen, um für diese Fälle einen Plan B auszuarbeiten. In jedem Projekt gibt es eine Menge an administrativer Arbeit zu leisten. Tests müssen dokumentiert werden, die Dokumente in der richtigen Versionsnummer am richtigen Ort abgelegt und Rückmeldungen zu Abweichungen entsprechend vermerkt werden. Das ist Arbeit, die wichtig ist, und die auch mein Kollege bedacht hat. Aber er hat eben hinterfragt, ob da alles wirklich von einer Person gemacht werden muss, wenn diese Person in dem Zeitraum doppelt belegt ist oder ob nicht ein anderer entsprechend einspringen kann. Das setzte ein ganz anderes Verständnis voraus: Dass jeder Handgriff wichtig war und, die Qualifikation vorausgesetzt, auch von jedem geleistet werden musste. Es ging nicht darum, Fehler auszumerzen, denn da schwingen unterschwellig immer Vorwürfe mit. Sondern es ging um die Bereitschaft, jeden Tag alles dazu beizutragen, dass das Projekt weiterlief. Und dass das Team in der Zeit sich gegenseitig den Rücken freihielt. Dieses Mindset hat mein Kollege geschaffen, weil er mit dem Team nicht GEGEN Probleme gekämpft hat, sondern FÜR den Erfolg. Es half natürlich auch, dass er im Zweifelsfall seinen Kopf hinhielt, wenn es von oben Schelte gab. Er glaubte fest daran, dass das Team ihn nicht im Stich lassen würde und stand bedingungslos hinter seinen Leuten.

Ich habe das damals natürlich nicht mitbekommen, denn zuerst lag ich im Koma und dann war ich viel zu sehr in meinem eigenen Jammertal gefangen, um mir wirklich über die Arbeit und das Projekt Gedanken zu machen. Als ich mich allerdings wieder einmischen wollte, erlebte ich mein blaues Wunder: Ich erkannte mein Projekt nicht wieder. Ich spürte, dass mein Team weder mich, noch meine Ansätze zurückhaben wollte. Ich fühlte mich von meinem Team betrogen, von der Firma im Stich gelassen und noch nutzloser als ohnehin schon seit dem Unfall. Das Projekt war mein Herzenskind gewesen. Und nun saß ein anderer am Steuer, machte alles falsch (wie ich dachte) und ließ sich zu allem Übel auch überhaupt nichts sagen. Ich war felsenfest davon überzeugt, dass er das Projekt mit Karacho an die Wand fahren würde.

Es war ein Gespräch mit einem Teilnehmer in der Trauerrunde, das mich zu Nachdenken brachte. Wir hatten darüber geredet, was uns neben dem Verlust eines Angehörigen noch zu schaffen machte. Und ich hatte von „meinem" Projekt erzählt, das man mir „weggenommen" hatte. Thomas, so der Name des Bekannten, sah mich groß an und fragte dann:

„Was willst du damit sagen? Dass man dir das Projekt weggenommen hat, meine ich?"

Ich versuchte, zu erklären, wie sehr mich die Ablehnung der
Leute im Team verletzt hatte. Dass mein Unfall mich zum
Aussätzigen gemacht hatte - oder es sich zumindest so anfühlte.

Er verstand natürlich absolut, wie es mir ging, aber er provo-
zierte mich weiter.

„Geht es dir wirklich nur um das Projekt?", wollte er wissen.
„Oder nicht viel eher darum, Recht zu behalten?"

Dazu fiel mir in dem Moment erst einmal nichts mehr ein. Aber
ich spürte, dass er Recht hatte. Sollte ich nicht eigentlich stolz
sein auf mein Team? Dass sie sich unter widrigsten Umständen
so schnell an einen neuen Projektleiter und seine Vorgehensweise
angepasst hatten und tatsächlich kurz davor standen, das Projekt
erfolgreich abzuschließen.

Ja, ich war neidisch auf alle, die da statt meiner plötzlich auf der
Bühne standen. Und das Gefühl mochte ich überhaupt nicht.
Aber ich lernte auch etwas daraus: Ich hatte gelernt, dass ich
offenbar sehr gut darin war, mir selbst eine eigentlich sehr positive Situation schlecht zu reden.

Denn was waren tatsächlich die harten Fakten:

Ich hatte ein für die Firma wichtiges Projekt mit dem Team
vorbereitet und auf den Weg gebracht.

Zu einem kritischen Zeitpunkt hatte ich einen schweren Unfall
und fiel über Wochen hinweg komplett aus. Selbst nach der
schwierigsten Phase war ich nur teilweise einsatzbereit.

Das Projekt konnte nicht auf meine Genesung warten.

Das Projekt war sehr komplex und benötigte einen Projektleiter. Aus dem Team heraus wäre es nur schwer steuerbar (das sah im Übrigen auch das Team so).

Was hatte meine negative innere Einstellung daraus gemacht?

Das Team konnte es gar nicht erwarten, alle meine Vorgaben über Bord zu werfen.

Der Neue hatte sich ins gemachte Nest gesetzt. Ich hatte alles so gut vorbereitet, er hätte einfach nur meinen Plan abarbeiten müssen. Aber er musste sich ja unbedingt profilieren und auf meine Kosten das Projekt in Gefahr bringen.

Das Projekt war MEIN Kind, er hatte nicht das Recht, so darin herum zu pfuschen.

Mein Team war es mir eigentlich schuldig, meinem Ansatz gegenüber loyal zu bleiben und dem neuen Projektleiter das auch so zu vermitteln.

Klingt das kindisch? Ja, im Rückblick betrachtet schon. Damals habe ich das nicht so empfunden. Ich war emotional am Boden, haderte sowieso mit meinem Schicksal, vermisste meine Frau ganz furchtbar und hatte massive Zukunftsängste. Ich mache mir selbst keinen Vorwurf. Ich vermute, in meiner Situation wäre es den meisten so gegangen.

Aber umso deutlicher erinnere ich mich eben auch daran, wie gut mir die Reflexion mit Thomas getan hat. Er hat Fragen gestellt wie:

- Stimmt das denn wirklich so?
- Wer sagt das? Woher weißt du das?
- Wie könntest du das noch sehen?
- Was spricht theoretisch für deinen Ansatz?

Er zwang mich förmlich, zuerst den Standpunkt meiner Teammitglieder einzunehmen, und dann den des neuen Projektleiters. Und auch wenn es mir heftig gegen den Strich ging, musste ich am Ende zugeben, dass das alles gar nicht so dumm war.

Und dann fragte Thomas:

„Wenn dein Kind unbedingt Fahrrad fahren lernen möchte und du hast keine Zeit, es ihm beizubringen - wie würdest du reagieren, wenn es dir eines Morgens freudestrahlend vorführt, dass es mit den Jungs aus der Nachbarschaft geübt hat. Würdest du mit ihm schimpfen, weil er nicht gewartet hat, bis du Zeit hast oder wärst du stolz auf die Initiative deines Kindes?"

In dem Moment verstand ich, dass es am Ende egal war, wer bei dem Projekt welchen Knopf gedrückt hatte. Das Team hatte in einer schwierigen Zeit eine hochkomplexe Aufgabe gelöst, die für die Firma sehr, sehr wichtig war. Und ich war noch immer Teil dieses Teams. Anstatt sauer und beleidigt zu sein, sollte ich stolz sein, froh für die Kollegen und die Firma, dass mein Unfall keine schlimmeren Folgen auch für sie hatte. Am selben Abend rief ich meinen Kollegen an, beglückwünschte ihn zu der tollen Arbeit und fragte, ob er mit mir und dem Team einen Workshop machen würde. Ich wollte mit ihm analysieren, was in dem Projekt wirklich hilfreich war und was wir beim nächsten Projekt anders angehen sollten.

Einen solchen Workshop gibt es eigentlich nach jedem Projekt. In der Vergangenheit war ich aber eher defensiv unterwegs und nicht bereit, ans Eingemachte zu gehen. Ich wollte nicht, dass da ein Vorwurf mitschwang, dass ich eventuell einen Fehler gemacht hatte. Dieses Mal war es anders. Bei dem Workshop, um den ich meinen Kollegen gebeten hatte, wollte ich wirklich lernen, was ich besser machen konnte. Ich fühlte mich nicht mehr persönlich an den Pranger gestellt.

SIEHST DU DEN UNTERSCHIED?

Wenn ich von positivem Denken rede, geht es - wie schon mehrfach betont - nicht darum, eine rosarote Brille aufzusetzen und so zu tun, als gäbe es keine Probleme mehr. Es geht auch nicht darum, auf eine magische Art und Weise dafür zu sorgen, dass alles gut wird. Wenn du eher positiv denkst, glaubst du an einen guten Ausgang bei allem, was du dir vornimmst. Weil du an einen positiven Ausgang glaubst, nimmst du dir auch zunehmend mehr oder schwierigere Projekte vor. Du machst Dinge, die dein Leben durchaus verändern können. Das würdest du nicht tun, wenn du tief in dir drin glaubst, dass alle gegen dich sind, dass die Welt ungerecht ist und du sowieso scheitern wirst.

Das Gegenteil von zu viel Pessimismus ist natürlich auch nicht gut. Es gab einmal einen Film, der von einem Mädchen namens „Pollyanna" handelte. Dieses Mädchen sah in jedem Menschen nur das Gute, glaubte immer daran, dass alles gut ausgehen würde und lebte sorglos in den Tag hinein. Was in Hollywood funktioniert, gilt natürlich nicht für das tägliche Leben. Eine Pollyanna hat vielleicht keine Sorgen, wird aber trotzdem nicht mehr auf die Beine gestellt bekommen - denn von guten Wünschen alleine verändert die Welt sich leider auch nicht.

Nein, eine gesunde Portion Skepsis schadet nicht, wobei die Betonung auf „gesund" liegt. In Zeiten von Fake News und Phishing, Spam Mails und Hackern, die Krankenhauscomputer lahmlegen, um Geld zu erpressen, während in den OPs Menschen sterben, würde sich vermutlich selbst Pollyanna mit ihrem unschuldigen Optimismus schwer tun.

Vor ein paar Tagen klingelte mein Telefon und ein Anrufer aus Norddeutschland identifizierte sich als Vertreter von Microsoft. Customer Service hatte festgestellt, dass von meinem Rechner sehr viele Fehlermeldungen an sie eingegangen waren. Nun hatte mein - leicht betagter - Rechner mich in letzter Zeit tatsächlich mit gelegentlichen Abstürzen frustriert. Aber ich habe noch nie mit Microsoft-Produkten gearbeitet, zumindest nicht privat. Darum fiel mir der Betrug sofort auf und eine kurze Recherche im Internet bestätigte meinen Verdacht auch sehr schnell. Hier waren mein Bauchgefühl und eine böse Vorahnung also tatsächlich gut und hilfreich.

Aber wie gesagt, es sollte nicht der Standard sein. Wir stehen uns tatsächlich mit negativem Denken viel mehr selbst im Weg, als uns bewusst sein mag. Nicht nur emotional, sondern tatsächlich ganz konkret, was unseren Erfolg im Leben anbelangt. Nun nur noch mit sonnigem Gemüt durch die Gegend zu laufen und alles auszuprobieren, weil ja eventuell der heilige Gral auf einen wartet, funktioniert aber genauso wenig. Wer nicht von Natur aus mit viel Optimismus ausgestattet ist, muss das lernen. Und das geht weder über Nacht, noch wird es dafür sorgen, dass du dich in Zukunft nie wieder mit Problemen konfrontiert sehen wirst.

BERGE SIND STEIL, ANSTRENGEND UND UNÜBERWINDBAR - ODER HERAUSFORDERUNGEN MIT GENIALER AUSSICHT

Immer wenn wir vor einem Berg an Aufgaben stehen, die uns vielleicht etwas überfordern, ist nur eines gewiss: Egal, wie lange wir brauchen, um hinauf zu kommen, es wird nicht der letzte Anstieg in unserem Leben gewesen sein. Hinter jedem Berg wartet bereits der nächste. Aber wir können den Aufstieg nutzen, um zu lernen, die Aussicht zu genießen und uns fit zu machen für den nächsten Berg.

Auch der Optimist hat Tage, an denen er keine Lust mehr hat, weiter bergauf zu marschieren. Das ist auch in Ordnung so. Wenn wir Tage haben, an denen wir lieber im Bett liegen bleiben würden, an denen uns alles über den Kopf zu wachsen scheint, dann müssen wir das, was in uns passiert, ernst nehmen. Positiv zu denken heißt nicht, alle Ängste zu ignorieren. Es heißt auch nicht, wie ein Intercity durchs Leben zu rasen, den Blick starr auf ein Ziel gerichtet und ganz fest daran zu glauben, dass man glücklich sein wird, wenn man es erreicht hat. Ganz im Gegenteil.

Positiv Denken heißt, in schwierigen Situationen innehalten zu können, Kräfte zu sammeln und dann mit neuem Mut weiterzugehen. Am steilsten Aufstieg nicht zu verzagen, weil man weiß, dass man am Ziel ankommen wird, egal wie lange es dauert. Und dass das Glück nicht erst am Ziel wartet, sondern der Weg dorthin schon dazu gehört. Dass jeder Schritt, jeder Moment uns etwas Positives bescheren kann. Und wenn es nur eine neue Lektion ist, wie man etwas in Zukunft besser nicht mehr machen sollte.

Es geht auch nicht darum - zumindest nicht nur - wie wohl wir uns fühlen, auch wenn das schon Grund genug sein sollte. Nein, neben der Tatsache, dass positives Denken tiefgreifende Auswirkungen auf die Qualität unserer Beziehungen hat, zeigen neueste Studien auch, dass es unsere Lebenserwartung deutlich positiv beeinflussen kann. Warum das so ist und wie genau das aussieht, darum soll es im nächsten Kapitel gehen.

2

OPTIMISTEN LEBEN LÄNGER

„Ein Optimist ist ein Mensch, der ein Dutzend Austern bestellt, in der Hoffnung, sie mit der Perle, die er darin findet, bezahlen zu können."

— THEODOR FONTANE

---

*D*er Titel klingt jetzt zunächst einmal widersprüchlich. Hatte ich nicht im letzten Kapitel geschrieben, dass eine gesunde Skepsis dazu gehört?

Nun, das eine schließt das anderen nicht aus. So lange ich nicht als Pollyanna völlig sorglos durchs Leben tanze und immer bei Rot über die Ampel gehe, im festen Glauben daran, dass mir schon nichts passieren wird, wirkt sich eine optimistische Lebenseinstellung tatsächlich positiv und messbar auf die Lebenserwartung aus.

Gemäß einer Langzeitstudie an der Universität Texas hat schon die Einstellung zum Thema Alter einen massiven Einfluss darauf, wie lange jemand lebt. Zwischen 2006 und 2015 wurden insgesamt 502.548 Teilnehmer im Alter von 26 bis 78 (zum Zeitpunkt, als die Studie gestartet wurde) begleitet und immer wieder interviewt. Ziel der Studie war zunächst nur, herauszufinden, ob sich die Einstellung zum Alter insgesamt über die Zeit ändern würde und wie alt sie sich im Vergleich zum tatsächlichen biologischen Alter fühlten. Dazu wurden Fragen zum Lebensstil, zum physischen und mentalen Gesundheitszustand und zu ihrer allgemeinen Lebenseinstellung gestellt. Sie wurden zum Beispiel gefragt, ob sie gerne alt werden würden und was sie vom Alter erwarteten. Dadurch konnten nach den zehn Jahren Laufzeit drei Dinge ausgewertet werden, die für mich in diesem Buch relevant sind:

1. Die Menschen, die sich von Anfang an für eher optimistisch hielten, freuten sich darauf, alt zu werden. Und erwarteten auch, ein hohes Alter in guter Gesundheit zu erreichen.
2. Dieselben Menschen fühlten sich durchweg in jedem Alter „jünger" als ihr Geburtsdatum erwarten lassen würde.
3. Unter den älteren Teilnehmern der Studie hatten diejenigen, die sich zum Kreis der Optimisten zählten, eine um 11 bis 15 Prozent höhere Lebenserwartung.

Das ist eine Menge, wenn man bedenkt, dass sich die Lebensumstände durchaus vergleichen ließen. Und bei einer halben Million Teilnehmer auch ein aussagefähiger Datensatz zusammengekommen ist. Leider sagte die Studie nichts darüber aus, ob einzelne Teilnehmer während der Studie ihre Einstellung geändert hatten, also vom Pessimisten zum Optimisten wurden und umgekehrt.

Kritiker der Studie sagen, dass wenn man die Daten um Ernährungsweise und sonstige Entscheidungen zum Lebensstil bereinigte, dann wäre der Unterschied in der Lebenserwartung deutlich weniger signifikant, bis zu dem Punkt, dass man eigentlich gar nicht mehr von einem Unterschied reden könnte. Nun hatten die Autoren der Studie ja nie vorgehabt, diesen Punkt zu erforschen und zu belegen. Er kam quasi als statistisches Nebenprodukt dabei heraus. Dennoch haben sie in Kommentaren darauf hingewiesen, dass auch Entscheidungen zum Lebensstil etwas mit der Einstellung zum Leben zu tun haben. Erwarte ich, alt zu werden und möchte das auch, treibe ich vielleicht eher Sport, trinke weniger bis gar keinen Alkohol und achte auf meinen Ernährung. Nur - um es einmal überspitzt zu formulieren - Alkoholiker mit Alkoholikern zu vergleichen, würde auch nichts beweisen. Vielleicht noch, dass übermäßiger und ungesunder Alkoholkonsum definitiv abträglich für eine lange Lebenserwartung sein kann.

Was aber unbestritten bleibt und auch von den Kritikern akzeptiert wurde, ist der Teil mit der Einstellung zum Leben und zum Alter. Ich zumindest freue mich auf noch viele Jahre in Gesundheit mit meinen Töchtern und meiner neuen Freundin. Durch den Unfall habe ich auf eine recht dramatische Weise erfahren, wie schnell alles vorbei sein kann und umso mehr schätze ich heute, am Leben und wieder völlig gesund zu sein. Und ich bin dankbar für die Menschen in meinem Leben, die mir über die ganze Zeit zur Seite standen und noch immer stehen. Selbst wenn ich keinen Tag älter werde als das Universum, das Schicksal oder (für manch andere, je nach Glaube) auch Gott für mich vorgesehen hat, so sind die Tage bis dahin doch zumindest für mich mit ungleich mehr Zufriedenheit und Leben gefüllt, als das vor meinem Unfall und der ersten Zeit im Krankenhaus der Fall gewesen ist.

Das ist für mich der größte Gewinn, den ich durch meine neu gewonnene, positive Einstellung zum Leben verbuchen konnte: Ich warte nicht mehr auf einen Punkt in der Zukunft, an dem ich dann endlich das Glück finde. Ich habe diese Momente des Glücks und der Zufriedenheit jeden Tag. Die Dankbarkeit, die ich dabei verspüre, ist der Motor, der mich antreibt. Dabei bin ich ein ganz normaler Mensch mit Bodenhaftung geblieben. Ja, ich meditiere regelmäßig und betreibe auch Yoga, weil mir beides gut tut und die positiven Auswirkungen auf unsere mentale Gesundheit messbar und medizinisch nachweisbar sind. Aber dazu kommen wir in einem späteren Kapitel. Ich gehe aber nicht mit einem verklärten Lächeln durchs Leben, sehe überall nur Sonnenschein und schwebe durch die Tage wie beim Baden im Toten Meer. Ich habe schlechte Tage, an denen ich grantig bin und auch mal laut werden kann. Es gibt Menschen, die ich trotz allem Verständnis für ihre Situation einfach nicht abkann. Es gibt Dinge, die ich tun muss, das auch weiß und verstehe, und trotzdem „hasse" wie die Pest. Ich bin nicht zu einem Heiligen geworden und hoffe, das auch nie zu werden.

Aber ich erwische mich inzwischen in diesem Moment, bevor der echte Stress ausgelöst wird. Also rechtzeitig, bevor das Affengehirn mich so in Alarmzustand versetzt, dass es meinen Organismus mit Stresshormonen flutet und ich in tagelangen Grübeleien versinke und nächtelang wach liege. Das ist jetzt nicht übertrieben, denn das war in der Vergangenheit meine Realität. Kleinste Abweichungen von der Norm, unvorhergesehene Ereignisse, die mein perfektes Leben durcheinander brachten, schickten mich in eine mittelschwere Krise. Meine Frau sah mir das immer schon von weitem an und ging mir in dieser Zeit aus dem Weg. Und so brütete ich oft tagelang vor mich hin, fühlte mich immer schlechter und kam doch nicht auf eine gute Lösung.

Das nämlich ist das Hauptproblem, wenn man mit einer negativen Einstellung an Probleme herangeht: Man kann bestenfalls einen Mangel beseitigen. Ich sehe ein Problem und möchte es loswerden. „Aber das ist doch genau das, was zählt!", magst du jetzt vielleicht sagen. Nein, genau das ist es nicht. Es geht doch vielmehr darum, etwas Positives zu schaffen. Wenn ich in einem verwilderten Garten alles Unkraut jäte, habe ich danach trotzdem keinen schönen Garten. Ich habe allenfalls eine unkrautfreie, kahle Fläche. Um daraus einen blühenden Garten zu machen, muss ich mehr tun, viel mehr, als nur GEGEN das Unkraut anzukämpfen.

Nehmen wir einmal an, du leidest häufig unter Kopfschmerzen. Der übliche Ansatz ist, eine Tablette zu nehmen und zu hoffen, dass der Schmerz schnell wieder vergeht. Das machst du jedes Mal, wenn der Schmerz auftritt. Irgendwann erkennst du schon frühzeitig, wenn es wieder losgeht und bist gewappnet. Du versuchst, Situationen zu vermeiden, die den Schmerz auslösen.

Bist du eher negativ eingestellt, gehst du vielleicht nicht zum Arzt aus Angst, dass etwas Schlimmeres dahinter stecken könnte, oder dass er dir ja sowieso nicht helfen kann. Bist du eher Optimist, würdest du recht schnell nach den ersten „Wiederholungen" nach einer dauerhaften Lösung suchen, um nicht auf Lebensqualität zu verzichten.

Und damit sind wir bei meinem Lieblingsthema. Neben der Studie aus Texas gibt es nämlich noch einen Beleg, wie nachhaltig eine positive Einstellung zum Leben sich auf die Lebenserwartung auswirkt. Und nicht nur das: wie viel sie damit zu tun hat, ob wir gesund und zufrieden alt werden.

WAS UNS EINE JAPANISCHE UND GRIECHISCHE INSEL VORAUS HABEN

Dan Buettner ist ein amerikanischer Autor, der sich vor Jahren auf die Suche nach den Regionen auf der Welt gemacht hat, in der es prozentual die meisten Menschen gibt, die 100 Jahre und älter werden. Er war zu dem Zeitpunkt schon auf Okinawa gewesen, wo die bekannteste „Kolonie" von Hundertjährigen lebte. Aber um zu ergründen, ob neben den Genen, der Nationalität, der sehr spezifischen Ernährung und Lebensweise auf einer Insel und vielleicht auch noch kulturellen Eigenarten, etwas anderes dazu beitrug, dass so viele Menschen dort mit weit über Hundert noch selbständig lebten und augenscheinlich gesund und zufrieden waren. Er wollte wissen, ob das nur in Japan möglich war oder ob möglicherweise jeder von uns irgendetwas zu mehr Gesundheit im Alter und einer längeren Lebenserwartung beitragen konnte.

Er wurde in insgesamt fünf Regionen weltweit fündig. Neben Okinawa in Japan waren das Nicoya in Chile, die Insel Ikaria in Griechenland, die Insel Sardinien in Italien und die Gemeinde Loma Linda in Kalifornien in den USA. Auf den ersten Blick hatten die Orte und auch lokalen Lebensumstände nicht viel miteinander zu tun. Manche Gemeinden waren sehr arm, andere durchaus wohlhabend. Manche Menschen lebten von dem, was ihr eigenes Land abwarf, andere gingen arbeiten und hatten klassische Jobs. Die Ernährungsweise war nur auf einem sehr hohen Abstraktionsgrad vergleichbar: tendenziell eher kleinere Portionen, viel Gemüse, gelegentlich Fisch, wenig Fleisch. Alkohol war durchaus erlaubt. Auf dem Papier betrachtet entsprach dies fast zu 100 Prozent den Empfehlungen der deutschen Gesellschaft für Ernährung. Dennoch gibt es nirgends in Deutschland auch nur ansatzweise so viele gesunde, zufriedene und unabhängig lebende Hundertjährige.

Das Klima konnte es auch nicht sein, denn auch das war ziemlich unterschiedlich. Gute, saubere Luft spielte vermutlich eine gewisse Rolle - aber warum gibt es dann zum Beispiel in den Schweizer Alpen nicht ähnliche Zonen?

Am Ende - du ahnst es vielleicht - waren es ganz andere Faktoren, die eine maßgebliche Rolle spielten.

Alle Bewohner der „Blue Zones", wie Dan Buettner diese Regionen nannte, nahmen sich selbst als Optimisten wahr. Sie fühlten sich im Hier und Jetzt wohl. Sie sahen einen Sinn in ihrem Leben, der ihnen Energie gab. Sie freuten sich über ihr Alter und glaubten auch, noch viele gute Jahre vor sich zu haben.

Das mag jetzt nicht der Hauptgrund sein, das möchte ich auch gar nicht behaupten. In seinem Buch identifiziert Dan Buettner neun Bereiche, die in anderen Regionen mit ähnlichen Lebensumständen und Ernährungsweisen in der Kombination fehlen:

- Bewegung, ganz normal in den Alltag eingebaut
- Sense of Purpose - einen echten Sinn im Leben sehen
- Regelmäßige, ritualisierte Ruhephasen auch in Zeiten von Stress
- 80-Prozent-Regel bei der Ernährung – nur so viel zu essen, dass man gerade satt war
- Menschen um einen herum, die die eigenen Werte teilen
- Familie / enge Freunde stehen an erster Stelle
- Das Gefühl, nicht alleine, sondern zugehörig zu sein

Kritiker könnten nun sagen, dass in solchen Gegenden der Genpool besonders gesund ist. Auch dazu gibt es Studien: Menschen, die von außen in diese Gegenden ziehen und sich „anstecken" lassen von Lebensweise und Lebenseinstellung scheinen ähnlich positive Effekte auf ihre Lebenserwartung zu erfahren wie diejenigen, die schon seit Generationen dort leben.

In einer Studie wurde belegt, das Auswanderer aus einer Blue Zone, die in einem neuen Land eine neue Gemeinschaft gründeten, dort schnell ähnlich positive Umstände schafften (mit Menschen vor Ort, die genetisch nicht aus ihrem „Pool" stammten).

Es ist also nicht die Landschaft (gesunde Luft, Höhe...) und es sind auch nicht die Gene. Also liegt es an etwas, das diese Menschen tun. Etwas, das sie aktiv anders machen als andere Menschen. Im Umkehrschluss bedeutet das, dass diese Möglichkeit eigentlich jedem offen steht. Jeder von uns könnte in seinem direkten Lebensumfeld eine solche Blaue Zone schaffen. Doch soll es natürlich in meinem Buch nicht darum gehen. Was ich jedoch darlegen wollte, ist, dass wir alle diese Möglichkeit haben. Es handelt sich um Dinge, die wir relativ einfach in unser Leben integrieren können. ABER sie setzen eine positive Einstellung zum Leben voraus.

WIEVIEL ZEIT BLEIBT DIR NOCH?

Zugegeben, es ist keine Wunderpille. Wenn man selbst von Selbstzweifeln geplagt ist, der einzige Freund der innere Kritiker ist und das Glas von Kindesbeinen an immer halb leer war, ist es ein steiler Anstieg, den man vor sich hat. Aber die gute Nachricht ist: Es gibt ihn, diesen Weg. Er steht absolut jedem offen - egal, wie alt man ist und egal mit welcher Vorgeschichte man sich auf den Weg macht. Und es ist dafür nie zu spät!

Bevor wir dahin kommen, möchte ich dich bitten, dich auf eine kleine Übung mit mir einzulassen:

Die durchschnittliche Lebenserwartung eines Mannes in Deutschland liegt derzeit bei ca. 78 Jahren, die von Frauen bei rund 82 Jahren. Gehen wir der Einfachheit halber von einem Durchschnittswert von 80 Jahren aus. Wie alt bist du jetzt? Bei meinem Unfall war ich 46 Jahre alt, das hieße, bis zum statistischen Ende meiner Lebenszeit waren es damals noch 34 Jahre.

Nun, in einem Selbsthilfebuch, das ich damals las, stand, ich sollte das in Wochen umrechnen. In meinem Fall waren das also 1716.

1716 Wochen verblieben mir von meiner Lebenszeit!

Wie viel ist es bei dir?

In dem Buch, das ich damals las, sollte mich diese Übung dazu bringen, mir der Dringlichkeit bewusst zu werden, etwas ändern zu müssen. Mit jedem Tag, den ich vergeude mit Dingen, die mich unglücklich machen, verschwindet etwas von dieser Zeit. Und wer weiß, vielleicht tragen ein paar dieser Entscheidungen ja sogar dazu bei, dass das Guthaben noch schneller schmilzt.

Wie fühlt sich das an? Nicht so gut, nicht wahr? Mich zumindest hat das damals nicht motiviert, im Gegenteil. Und das ist auch kein Wunder. Hinter dieser sogenannten „Motivation" steckt eine Einstellung, die sich auf Mangel konzentriert. Auf etwas, von dem wenig vorhanden ist. Und das löst Ängste aus. Ängste lähmen uns, sorgen für Stress. Und schon freut sich unser Affenhirn wieder, dass es das Steuer übernehmen darf.

Ich fühlte mich gestresst und irgendwie bedroht. Ich habe das damals in der Trauergruppe angesprochen, weil ich das Gefühl hatte, mit meiner Frau auch den besten Teil meines Lebens verloren zu haben. Doch meine jetzige Freundin reagierte sofort und stellte das Ganze auf den Kopf.

Und das ging so:

Schau dir dieselben Zahlen einmal aus einer anderen Warte an. Wenn wir von der durchschnittlichen Lebenserwartung in Westeuropa von ca. 80 Jahren ausgehen, dann bedeutet das eine Spanne von 60 Jahren, die wir selbstbestimmt und produktiv leben. Das basiert auf der Annahme, dass wir ab 20 Jahren eigentlich erst selbständig unterwegs sind, unsere eigenen Entscheidungen treffen und zunehmend wirtschaftlich unabhängig sind. Gleichzeitig altern wir besser, bleiben länger aktiv. Das Leben endet nicht mit der Rente, für viele beginnt da tatsächlich noch einmal ein ganz neuer, aktiver Lebensabschnitt.

Nun schau dir an, wie alt du bist, und berechne, wie viel dieser produktiven Zeit noch vor dir liegt. Auch wenn das auf den ersten Blick nur nach einer Variation der ersten Übung ausschaut, so hatte es auf mich einen ganz anderen Effekt. Ich war Ende Vierzig, als mir diese Frage gestellt wurde. Und ich habe berechnet, dass ich dadurch noch ca. 57 Prozent meiner „produktiven" Zeit vor mir hatte. Rechnung lautet wie folgt: 60 Jahre selbstbestimmte Zeit, die wie vorher erwähnt jeder von uns im Schnitt hat, minus meinen bereits vergangenen 26 Jahren (mein zum Zeitpunkt des Unfalls aktuelle Alter von 46 Jahren minus den 20 Jahren des Heranwachsens) ergibt eine restliche Lebenszeit von 34 Jahren. Also aufgerundet 57 %. Irgendwie klang das nach richtig viel. Und wenn ich dann noch bedachte, dass die Menschen in meiner Familie tendenziell ziemlich alt werden, dann hatte ich möglicherweise noch mehr zur Verfügung.

Spürst du den Unterschied? Wie geht es dir, wenn du überlegst, wie viel wirklich großartige Zeit du noch vor dir hast, in der du ganz viel bewegen kannst, selbst wenn du wie ich jetzt schon über 50 bist und in den Augen vieler Menschen als „alt" giltst.

Ich fand die Übung damals spannend und wirklich motivierend. Ich habe mir natürlich die Frage gestellt, was ich mit dieser vielen Zeit anfangen möchte. Aber auch, was ich überhaupt noch kann, denn gesund war ich noch lange nicht. Und ich war mir alles andere als sicher, dass ich das jemals sein würde.

Hier kam dann erneut meine damalige Therapeutin und jetzige Freundin ins Spiel. Mit Engelszungen redete sie auf mich ein. Medizinisch gab es keinen Grund, schwarz zu sehen. Die Ärzte waren durchaus optimistisch, dass ich zwar einiges an Reha vor mir hatte, aber wieder ganz gesund werden würde, wenn ich richtig mitarbeitete.

SO BIN ICH EBEN UND DAFÜR BIN ICH ZU ALT... ODER?

„Ich bin nun mal ein Pessimist", sagte ich mehr als einmal zu ihr, wenn sie wieder einmal mit mir schimpfte, weil ich mich gar zu sehr hängen ließ.

„So bin ich eben."

Das war nicht nur damals mein Lieblingsspruch. Egal, um was es ging, ich hatte dieses Bild von mir. Ich glaubte, dass es einfach Dinge gab, die ich mit meiner Persönlichkeit nicht konnte. Auf der Arbeit brauchte ich das Gefühl, alle Eventualitäten unter Kontrolle zu haben. Ich war sehr perfektionistisch veranlagt und hatte Angst, Fehler zu machen. Heute weiß ich, dass das nicht sein muss. Aber damals glaubte ich, dass ich nun mal so bin. Punkt, Ende, aus.

Und während der Reha kam dann noch ein Spruch dazu: „Dafür bin ich jetzt zu alt." Trotz der Übung mit den 57 Prozent…

An dieser Stelle muss ich ein wenig ausholen. Noch vor wenigen Jahren war die Forschung überzeugt, dass wir mit zunehmendem Alter an geistiger Kapazität und auch physisch an Hirnmasse verlieren. Ich glaube, mich erinnern zu können, dass die Rede davon war, dass es ab ungefähr 30 Jahren abwärts geht mit unseren kognitiven Fähigkeiten. Heutzutage wissen wir glücklicherweise, dass das so nicht stimmt.

Es hat natürlich, wie so vieles, mit persönlicher Veranlagung und vor allem dem entsprechenden Lebensstil zu tun. Unser Gehirn ist wie ein Muskel. Je weniger wir ihn nutzen, desto mehr verkümmert er. Das ist durchaus wörtlich zu nehmen.

Unser Gehirn hat sich über Jahrmillionen entwickelt und ist in der Zeit zu einem echten Effizienz-Monster geworden. Alles in uns, alle körperlichen Funktionen, sind darauf ausgerichtet, zu überleben und das Überleben der Spezies zu garantieren. Das Gehirn verbraucht viel Energie - rund 25 Prozent des täglichen Kalorienumsatzes bei einem durchschnittlich aktiven Menschen. Um Energie zu sparen, werden Aufgaben, die wir dauernd verrichten - alle Routinen quasi - irgendwann einmal halb automatisiert abgespeichert. Quasi so, als wären wir auf Autopilot.

Ist es dir auch schon so gegangen, dass du auf dem täglichen Weg zur Arbeit irgendwann einmal festgestellt hast, dass du gar nicht mehr darüber nachdenkst, wann du wo abbiegen musst? Auf einmal bist du auf dem Firmenparkplatz angekommen und dir fehlt ein ganzes Stück der Strecke - denn du warst in Gedanken ganz woanders. Das ist völlig normal. Wenn wir einmal etwas gelernt haben, wie zum Beispiel eine bestimmte Wegstrecke, Fahrrad zu fahren oder wie man isst, dann werden die entsprechenden Aufgaben im Gehirn in einen Bereich ausgelagert, der dafür nur noch wenig Energie aufwenden muss. Routine ist auch für das Gehirn wenig anstrengend. Dadurch werden wieder Kapazitäten für andere Aufgaben frei.

Wenn wir nun mit zunehmendem Alter immer mehr in einen Trott verfallen, der Tag für Tag gleich aussieht, wird auch unser Gehirn entsprechend wenig stimuliert. Es wird vermutet, dass das einer der Gründe für den Eindruck war, dass unser Gehirn Masse abbaut, je älter wir werden.

Das ist aber nicht wirklich so. In Wirklichkeit hat unser Gehirn bis ins hohe Alter die Fähigkeit, neue Verbindungen zu schaffen, alte

Verbindungen zu lösen, weiter zu wachsen und sich massiv zu verändern. Dies nennt man in der Fachsprache Neuroplastizität. Aber warum schreibe ich darüber in einem Buch über positives Denken?

Ganz einfach: Weil unser Gehirn darauf gepolt ist, alles zu tun, damit wir überleben. Wenn wir etwas tun, das uns Freude bereitet, uns gut tut, dann registriert selbst der älteste Teil unseres Gehirns das als „positiv" und sorgt dafür, dass wir mehr davon wollen - denn schließlich scheint es unserem Überleben zuträglich zu sein.

Der jüngere, rationale Teil, der für Vernunft und komplexe Gedankengänge zuständig ist, wird dann zugeschaltet und hilft, wo er kann. Er durchforstet seine Archive aus Erfahrungen, die man selbst gemacht hat. Informationen, die man gelesen hat. Aktuelle und vergangene Sinneseindrücke. Und schaltet all das zusammen zu einem „Bewusstsein" und Trägern für bestimmte Entscheidungen.

Das bedeutet, dass wir in dem Moment, wo wir eine Situation als positiv, gut und angenehm wahrnehmen, unser Gehirn Impulse generiert, die uns andere Entscheidungen treffen lassen. Wenn das oft genug passiert, wird auch daraus eine Routine. Wir haben somit erfolgreich alte Gewohnheiten beseitigt und durch neue, gesündere Gewohnheiten ersetzt.

UMSTÄNDE SIND NEUTRAL, BIS DU SIE BEWERTEST

Der wichtige Punkt hier ist: Unsere Wahrnehmung einer Situation ist der Ausgangspunkt für diese Veränderungen. Was auch immer um uns herum passiert, ist zunächst einmal neutral (es sei denn, jemand versucht tatsächlich, dich umzubringen). Aber die allermeisten Situationen, die uns stressen, sind im Rückblick betrachtet völlig harmlos gewesen.

Wie oft sind Katastrophenszenarien, die du erwartet hast, denn wirklich eingetreten? Und dennoch hast du tagelang gegrübelt, dir Sorgen gemacht und vielleicht auch schlecht geschlafen.

Setz dich einmal in Ruhe hin und nimm eine Situation, die dich gestresst hat. Idealerweise etwas, das kürzlich passiert ist. Und dann überlege dir, ob das wirklich so schlimm war. Ob deine Wahrnehmung überhaupt stimmt. Ob du nicht vielleicht etwas in eine Situation hinein interpretierst.

Um hier ein Beispiel zu nennen: Ich habe Freunde, ein Ehepaar, mit denen ich mich unregelmäßig treffe. Wir sind nicht die engsten Freunde, verbringen aber gerne Zeit miteinander. Nur in jüngster Zeit war der Kontakt weniger geworden. Wenn ich ein Treffen initiieren wollte, hatten sie keine Zeit. Ich zermarterte mir das Gehirn, ob ich vielleicht etwas Falsches gesagt hatte. Und tatsächlich: Beim letzten Treffen hatte es eine leichte Dissonanz um einen gemeinsamen Bekannten gegeben, mit dessen Weltanschauung ich meine Probleme hatte. Langer Rede, kurzer Sinn: Ich war zum Teil sauer, weil sie wegen so einer kleinen Meinungsverschiedenheit unsere Freundschaft de facto gekündigt hatten und ich hatte gleichzeitig ein schlechtes Gewissen, weil es ja im Prinzip egal war, was Franz dachte. Ich MUSSTE ihn nicht mögen, aber ich hätte das auch nicht unbedingt so deutlich sagen müssen.

Nun, vor ein paar Tagen habe ich die beiden zufällig beim Einkaufen getroffen. Ich nahm mir ein Herz und fragte sie direkt, ob ich sie irgendwie verärgert hätte und wenn ja, wie ich das wieder aus der Welt schaffen könnte, da mir etwas an unserer Freundschaft lag. Sie sahen mich groß an und lachten dann los. Der Grund, weshalb sie sich so rar gemacht hatten, war, dass ihre Tochter zum zweiten Mal schwanger war und es Komplikationen gab. Sie machten sich Sorgen und wollten einfach nicht wirklich ausgehen. Im Umkehrschluss entschuldigten sie sich bei mir, weil sie sich so rar gemacht hatten.

Solche Situation gibt es eine Menge über den Tag verteilt. Wir beurteilen sie basierend auf dem, was wir glauben und nicht unbedingt auf dem, was wir wissen. Wenn wir lernen, unsere Umstände wenigstens neutral zu beurteilen, haben wir schon viel gewonnen. In den nächsten Kapiteln werde ich dir zeigen, wie unglaublich mächtig es sein kann, wenn du auch ganz alltägliche Situationen als durchweg positiv wahrnimmst. Du wirst dich nicht nur glücklicher fühlen, sondern ganz schnell merken, dass sich dein ganzes Umfeld wie von Zauberhand ebenfalls zum Positiven verändert.

3

DIE GRINSENDE STATUE ODER „FAKE IT TILL YOU MAKE IT"

„Glück ist kein Geschenk der Götter, sondern die Frucht innerer Einstellung."

— ERICH FROMM

Nun, da wir wissen, wie gesund eine positive Einstellung zum Leben ist, kommt die eigentlich wichtige Frage: Wie schaffst du es, vom Schwarzseher zum Optimisten zu werden? Wie bringst du tatsächlich ein gesundes Maß an positivem Denken in dein Leben? Und reicht es wirklich, einfach „nur so zu tun", wie der Titel dieses Kapitels suggeriert?

Nun, leider nicht ganz. Den Optimisten nur zu spielen reicht natürlich nicht. Aber wie ich dir gleich darlegen werde, ist das ein wichtiger Schritt. Genauso wichtig wie die Arbeit mit deinem inneren Kritiker, um den es im nächsten Kapitel gehen wird.

Erinnerst du dich an meine Grundsätze in der Einleitung? Wir haben immer die Wahl, wie wir uns in einer bestimmten Situation entscheiden. Und jede Entscheidung hat Konsequenzen - auch die, nichts zu tun.

Veränderungen bestimmen unser Leben. Nichts bleibt ewig gleich. Gleichzeitig gibt es aber keine Veränderung, wenn man nicht selbst ein wenig dafür tut. Und wenn es nur die Arbeit an der inneren Einstellung ist. Wobei auch das natürlich nicht reicht.

LEBE DEINEN TRAUM UND VERMEIDE DEN VERGLEICH

Wer sich für einen Optimisten hält, aber sehr ungesund lebt, hat selbstverständlich nichts von den Vorteilen. Wenn du jetzt meinst, dass es also gut sein muss, das gesamte Wochenende auf der Couch zu verbringen, weil du dich dabei wohlfühlst, dann muss ich dir diesen Zahn ganz schnell wieder ziehen. Auf der Couch zu liegen und von einem schlanken und fitten Leben in Wohlstand zu träumen ist nicht, worum es hier geht. Aber zumindest der Teil mit „davon träumen" ist schon einmal nicht schlecht. Als allerersten Schritt musst nämlich DU wissen, wie du deine Zukunft gerne hättest. Du musst ganz tief in dich hinein horchen und dir bewusst machen, was für dich eine schöne, positive Zukunft wäre. Das kann der Lottogewinn sein, wobei ich selbst kein Freund davon bin. Die allermeisten Lottogewinner, die interviewt wurden, haben später angegeben, nach einer anfänglichen Euphorie eher weniger glücklich als vorher gewesen zu sein. Die Menge an Geld hat nachweislich nichts mit der Menge an gefühltem Glück zu tun. Wenn du arm bist, träumst du vielleicht davon, Millionär zu sein. Aber wenn du im Lotto zwei, drei Millionen gewonnen hast, schielst du sehr schnell nach denen, die jedes Jahr ein Zehnfaches davon verdienen - und schon bist du wieder unzufrieden.

Wenn wir den Erfolg von anderen Menschen sehen, glauben wir zu leicht, dass ihnen all das nur so zugeflogen ist. Eine Freundin von mir hat einen Bestseller geschrieben. Zwölf Auflagen vom ersten Band, über Wochen in der Spiegel-Bestsellerliste in den Top Ten, Übersetzungen in drei Sprachen. Ich bewunderte sie und war eine Weile angemessen neidisch. Ich weiß aber auch (weil wir seit der Schule befreundet sind), wie hart sie dafür gearbeitet hat. Sie hatte vorher schon drei Bücher veröffentlicht. Und auch das hatte Jahre gedauert, bis ein Verlag sie überhaupt angenommen hat. Alles keine Bestseller. Und auch das erfolgreiche Buch musste erst einmal geschrieben werden. 160 000 Worte sind immer sehr viel, aber noch mehr, wenn man davon ausgehen muss, dass vielleicht nie ein Verlag auf den Zug aufspringt. Das sind viele schwere, einsame Stunden spät abends oder früh morgens. Neben Beruf, Familie und Haushalt.

Ich habe einmal gelesen, dass 90 Prozent der erwachsenen Deutschen sagen, dass sie ein Buch geschrieben haben oder gerne schreiben würden. Die wenigsten davon (im niedrigen einstelligen Prozentbereich) probieren es tatsächlich und noch viel weniger schaffen den ersten Entwurf.

Der Unterschied ist nicht das Talent oder dass die Geschichte nichts taugt. Der Unterschied zwischen veröffentlichten Autoren und denen, die davon nur träumen ist tatsächlich der unverrückbare Glaube, dass da draußen wenigstens eine Person ist, die das Buch tatsächlich lesen will. Und, dass es sich dafür lohnt, Stunde um Stunde mit schmerzenden Schultern vor dem Computer zu sitzen. Jeden Tag ein Stück an dem Traum weiterzuarbeiten.

Worum es mir hier geht: Versuche, den Vergleich mit anderen zu vermeiden. Glück ist für jeden von uns etwas anderes. Suche also nach dem, was du wirklich vom Leben willst. Ist es mehr Zeit für dich und die Familie? Mehr kreativen Freiraum? Ein Job, in welchem du am Ende des Tages siehst, was du geschaffen hast? Eine Arbeit, bei der du anderen Menschen helfen kannst? Oder tatsächlich einfach mehr wirtschaftlicher Erfolg? Auch das wäre völlig legitim. Möchtest du fitter und gesünder sein? Von allen gemocht werden? Die Nervosität ablegen, wenn du andere Menschen triffst?

Wenn es dir geht wie vielen anderen Menschen, und auch mir kurz nach meinem Unfall, dann hörst du bei dem Gedanken sofort eine innere Stimme, die sagt: „Das wird sowieso nichts." Oder: „So bin ich halt nicht."

Ich finde das tragisch. Ich habe in den Trauerrunden, an denen ich teilgenommen habe, viele spannende Menschen getroffen, deren Geschichte anderen Mut machen könnte. Die etwas mitzuteilen hatten. Aber sie haben dieses Buch nie geschrieben. Nicht, weil sie schüchtern waren und nicht an die Öffentlichkeit gehen wollten. Nein, sie glaubten nicht, dass sie das konnten. Sie meinten, nicht gut genug zu sein. Nicht interessant genug. Dass sich niemand für ihre Geschichte interessieren wird. Einige haben es irgendwann doch gemacht und eine davon hat inzwischen einen Vertrag bei einem renommierten Verlag unterschrieben. Ihre Geschichte war nicht spannender oder dramatischer als die der anderen in der Runde. Der einzige Unterschied war, dass sie angefangen hat, an ihren Traum zu glauben.

VERÄNDERUNGEN IM LEBEN

Das gilt nicht nur für Buchautoren. Ein ehemaliger Kollege von mir, Thomas war sein Name, war immer wieder krank. Er litt unter Depressionen, tat sich schwer mit dem Druck in unserer Firma. Unser oberster Boss war sehr charismatisch. Er hatte tolle Ideen, die die Firma sehr erfolgreich gemacht hatten. Er hatte aber auch einen sehr kurzen Geduldsfaden. Und war schnell dabei, jemanden so richtig runterzuputzen.

Mein Kollege hatte Probleme, Deadlines einzuhalten und klagte oft, wie schlecht er vor wichtigen Terminen schlief, weil er Angst davor hatte, unseren Chef an einem schlechten Tag zu erwischen. Er ging immer vom Schlimmsten aus und oft genug sorgte die Angst, der Schlafmangel und der offensichtliche Mangel an Überzeugung auch dafür, dass der Termin suboptimal verlief.

Irgendwann war er dann weg. Zuerst dachte ich, er wäre wieder krank - doch dann erfuhr ich, dass er gekündigt hatte. Von sich aus. Weil er nicht mehr konnte.

Das war noch vor meinem Unfall und ich schäme mich zu gestehen, dass ich nicht den Mut hatte, mich bei ihm zu melden. Ich hatte ein schlechtes Gewissen, denn ich hatte ja gesehen, wie schlecht es ihm ging und hatte ihm keine Hilfe angeboten. Was, wenn er nun deswegen in schwerer Existenznot war? Was sollte ich ihm sagen?

Einige Zeit nach meinem Unfall dachte ich wieder an ihn. Mir ging es deutlich besser. Ich sah wieder mit Optimismus in die Zukunft. Und ich hatte am eigenen Leib erfahren, wie sehr es schmerzt, wenn alte Freunde sich nicht ein einziges Mal melden. Aber auch, wie wertvoll ein nettes Wort, eine einfache, nette Geste in einer schwierigen Zeit sein kann.

Also wollte ich mich bei ihm melden. Und sei es nur, um ihm zu sagen, dass meine lange Funkstille mir leidtat. Ich musste eine Weile suchen, aber ich fand ihn wieder und wir haben uns kurze Zeit später getroffen. Ich bin fast vom Stuhl gefallen, als ich ihn gesehen habe.

Er hatte sich unglaublich verändert - und zwar zum Positiven. Er wirkte größer (weil er auf einmal viel aufrechter ging), er war deutlich schlanker und durchtrainierter und strahlte über das ganze Gesicht. Als er mir die Hand gab, war das ein fester, selbstbewusster Händedruck. Finanziell ging es ihm zwar tatsächlich nicht unbedingt berauschend, aber er war glücklich. Er hatte sich einen Traum erfüllt und eine eigene, kleine Firma gegründet. Deadlines waren auf einmal kein Problem mehr, denn er wusste, was er konnte. Er glaubte an sein Produkt. War stolz auf das, was er mit seinem kleinen Team auf die Beine gestellt hatte.

Er ist auch schuld daran - sofern man das so sagen kann -, dass ich mir selbst Gedanken darüber gemacht habe, was ich von meinem eigenen Leben erwarte. Bei unserem ersten Treffen nach meinem Unfall hatte ich gerade wieder angefangen, Vollzeit zu arbeiten. Meine älteste Tochter studierte und war kurz vorher ausgezogen. Ich war zufrieden, denn es kehrte langsam wieder Normalität in meinem Leben ein.

Nach diesem Treffen allerdings war ich mir nicht mehr so sicher, ob ich wirklich zufrieden war. Ich hatte hart gearbeitet, um wieder auf die Beine zu kommen, um wieder „zurück ins Leben" zu kommen. Aber nach den Gesprächen mit ihm wurde mir klar, dass dieses „zurück" vielleicht die ganz falsche Richtung war. Immer häufiger musste ich daran denken, dass ich mich bis zuletzt oft mit meiner Frau gestritten hatte. Grund dafür war nicht, dass sie in meinen Augen etwas falsch gemacht hatte, sondern weil ich genervt, gestresst und ausgelaugt war. Und mir eine Perspektive im eigenen Leben fehlte. Ich weiß, dass ich oft dachte: „Soll es das jetzt wirklich gewesen sein?" Und immer, wenn meine Frau fröhlich war oder versuchte, mich wieder aufzumuntern, war es fast schon ein Reflex, ihr die Laune zu verderben. So auch an unserem letzten gemeinsamen Tag, als ich völlig unnötig einen Streit vom Zaun gebrochen hatte. Sie starb, ohne dass wir uns versöhnt hatten. Das schlechte Gewissen verfolgt mich bis heute, aber das gehört nicht hierher.

Nun, zum Zeitpunkt des Treffens mit meinem ehemaligen Kollegen war meine jetzige Freundin auch noch meine Physiotherapeutin. Über sie war ich zudem in eine Trauergruppe gekommen, die mir eine völlig neue Welt eröffnet hatte. Früher hatte ich nie über Emotionen, Träume oder ganz allgemein mein Seelenleben gesprochen. So aber war ich empfänglich für das, was mein ehemaliger Kollege mir zu erzählen hatte.

Und das war wirklich spannend.

Thomas erzählte, dass er sich gleich nach der Kündigung einen Coach gesucht hatte. Zu seiner eigenen Überraschung, war er über die Kündigung selbst gar nicht unglücklich gewesen. Er hatte gemerkt, dass ihm das Schicksal da vielleicht eine Möglichkeit eröffnet hatte, seinem Leben eine ganz neue Richtung zu geben. Eine viel bessere. Und da er diese Chance richtig nutzen wollte, hatte er sich jemanden gesucht, der ihm dabei helfen konnte. Er hatte mit Motivationsübungen gerechnet, mit Gedankenspielen, die ihn positiv einstimmen würden, aber das war weit gefehlt. Der Coach fing an, ihn aufstehen, gehen und sitzen zu lassen.

„Das ist wie bei den Statuen der alten Meister", hatte er erzählt. „Schau sie dir einmal genau an. Du erkennst auf den ersten Blick, ob sie stolz, mutig, traurig, gebrochen oder was auch immer sind."

Und er hatte Recht. Unsere Statur - also wie wir stehen oder sitzen - gibt den Zustand unseres Seelenlebens preis, lange bevor wir darüber reden oder es sogar selbst merken. Sein Coach hatte ihm direkt ins Gesicht gesagt, wie es ihm ging. Wohlgemerkt - das war kein Psychotherapeut, sondern ein Motivationstrainer! Und dann machte er Übungen mit ihm, bei denen er vor dem Spiegel bestimmte Stimmungen „spielen" sollte. Am Anfang sei er sich ziemlich komisch vorgekommen, meinte Thomas. Aber irgendwann hätte er gemerkt, dass er sich tatsächlich sofort besser FÜHLTE, wenn er so TAT, als wäre er stolz, mutig oder völlig überzeugt von sich.

DER GEFALLENE HELD

Bei mir hat das auch funktioniert.

Unsere Gedanken steuern unsere Emotionen, diese wiederum unsere Entscheidungen und schlussendlich Handlungen. Aber das geht auch umgekehrt. Beobachte dich einmal selbst, wenn du dich müde und mutlos fühlst, wie sitzt du dann da? Die Wahrscheinlichkeit ist hoch, dass du die Schultern nach vorne und oben gezogen hast, den Kopf etwas hängen lässt und den Rücken leicht nach vorne gebeugt. Wärst du jetzt eine Statue, würde jeder Besucher im Museum sagen: „Da ist der gefallene Held!" Stelle dich in so einer Situation ganz bewusst aufrecht hin. Ziehe die Schultern zurück, drücke die Brust raus, entspanne ganz bewusst deine Gesichtsmuskeln oder lächle sogar ein wenig. Du wirst überrascht sein, wie mächtig diese Übung ist. Vielleicht magst du es im Moment gar nicht glauben, aber du wirst dich nicht nur sofort optimistischer fühlen, sondern tatsächlich auch ganz anders über ein Problem denken, das dich gerade noch niedergedrückt hat. Und wenn du gerade keine solchen Probleme wälzt, mache den „grinsenden Krieger" morgens direkt nach dem Aufstehen vor dem Spiegel: Stelle dich vor dem Spiegel auf, die Hände in die Hüfte gestützt und die Füße etwa schulterbreit auseinander. Atme tief ein und aus und grinse dein Spiegelbild dann zwei Minuten lang an.

Wenn es dir wie mir am Anfang geht, dann dauert es ein wenig, bis du dir dabei nicht mehr komisch vorkommst. Oder du bei jedem Geräusch im Haus Angst hast, dass du jetzt von einem Familienmitglied erwischt wirst. Sobald du dich das erste Mal darauf wirklich konzentrierst, wirst du sehr schnell einen unglaublichen Effekt auf dein Wohlbefinden feststellen. Dein

Blutdruck senkt sich, dein Herzschlag wird ruhiger, dein Atem kräftiger und tiefer, du selbst fühlst dich ruhiger, wacher und tatsächlich bereit für alle Herausforderungen, die der Tag mit sich bringen könnte. Selbst eingefleischte Pessimisten überkommt bei der Übung ein beinahe unwiderstehliches Gefühl, alles hinbekommen zu können.

Ausreichend ist das natürlich noch nicht, die wirkliche Arbeit kommt erst noch, schließlich geht es um dich und dein Leben, und nicht um eine Filmrolle. Aber diese innere Arbeit, um die es in den nächsten Kapiteln gehen wird, ist gleich viel einfacher, wenn du die entsprechende „äußere" Vorarbeit geleistet hast. Und für diese zwei Minuten ist eigentlich immer Zeit!

DER INNERE DIALOG

„Wenn es einen Glauben gibt, der Berge versetzen kann,
so ist es der Glaube an die eigene Kraft."

— MARIE VON EBNER-ESCHENBACH

---

*N*un, da du gelernt hast, auf die „äußeren" Zeichen zu achten, wenn du in negatives Denken verfällst, wird es Zeit, uns an die schwierigste Aufgabe zu machen: Diese Stimme in uns, die uns unbewusst immer wieder kritisiert, warnt, heruntermacht und viele Dinge schlecht redet, die wir gerne tun würden. Der innere Kritiker.

Fast jeder von uns hat diese innere Stimme, nur sind wir uns ihrer selten bewusst. Es ist ja nicht so, dass dieser Kritiker in uns laut und deutlich spricht oder uns böse Kommentare um die Ohren haut. Wir merken seine Existenz meistens nur, wenn wir uns in bestimmten Situationen immer wieder schlecht fühlen.

Wenn uns auf einmal der Mut verlässt, obwohl wir uns etwas ganz fest vorgenommen hatten.

WIE KOMMST DU DEINEM INNEREN KRITIKER AUF DIE SPUR?

Auch hier ist zunächst einmal Selbstbeobachtung gefragt. Gibt es Situationen, in denen es dir selbst schon aufgefallen ist, dass sie dir besonders schwer fallen oder du dich ganz besonders deprimiert und mutlos fühlst? Oder sogar ein latent schlechtes Gewissen mit dir herumschleppst, obwohl du auf den ersten Blick gar nichts falsch gemacht hast? Dann ist ziemlich sicher gerade deine innere Stimme am Werk!

Horche in solchen Situationen in dich hinein. Welche Gedanken gehen dir durch den Kopf? Versuche einzelne herauszugreifen und eine Zeit lang mit ihnen zu verweilen. Du wirst verstehen, was ich meine, wenn du einen Gedanken gefunden hast, der in Wirklichkeit von deinem inneren Kritiker kommt. Es sind meistens Dinge, die wir nicht gerne hören, denen wir uns nicht gerne stellen wollen. Und die erste Reaktion darauf ist, den Gedanken ganz schnell wieder loswerden zu wollen, meistens in Begleitung einer sogenannten „Übersprungsreaktion". Damit ist gemeint, dass du fast automatisch etwas anderes tust, wie zum Beispiel dein Handy rausholen und Emails checken. Oder auf Facebook gehen. Oder du spürst den Drang, aufzustehen.

Bleib aber stark! Ja, es fühlt sich unangenehm an, aber es kann nichts passieren.

Vielleicht hast du gerade ein Eis gegessen und fühlst dich danach schuldig, weil du ja eigentlich abnehmen wolltest. Wenn du dich wirklich auf dieses Gefühl einlässt, wirst du irgendwann Gedanken aufspüren, die alles andere als nett zu dir sagen: „Schau dir an, wie du aussiehst! Musste das jetzt auch noch sein?

So wirst du nie schlank werden. Aber das war ja eigentlich klar, wann hast du überhaupt schon einmal etwas fertig bekommen?"

Oder du wolltest Laufen gehen, weil du dich breitschlagen hast lassen, mit Kollegen an einem Firmenlauf teilzunehmen. Du hast also ein doppelt schlechtes Gewissen. Nicht nur, dass du selbst für deine Fitness nichts tust, nein, dein Ergebnis zählt ja schließlich auch für dein Team. Aber du hattest an diesem Tag auch so viel anderes zu tun. Selbst Dinge, die du ansonsten eigentlich hasst, wie Unkraut jäten oder den Keller ausmisten, wirken auf einmal unglaublich wichtig. Du hast also ein schlechtes Gewissen, weißt das auch und gehst das eigentliche Vorhaben trotzdem nicht an? Dann setz dich ruhig hin, ohne irgendwelche Ablenkungen in der Nähe, und horche in dich hinein. Meistens sind da unterschwellige Ängste mit im Spiel. Es hat überhaupt nichts damit zu tun, dass du faul oder schwach bist! Unser Unterbewusstsein ist ein sehr mächtiger Gegner und in der direkten Konfrontation werden wir immer verlieren. Oder nur mit sehr viel Willensstärke und Selbstdisziplin dagegen ankommen, was aber nie auf Dauer und nachhaltig funktioniert.

Nein, in diesen Situationen ist es wichtig, auf diese innere Stimme zu hören. Wirklich zuzuhören und das ungute Gefühl auszuhalten. In den meisten Fällen stecken dahinter Gedanken wie: „Du bist doch viel zu alt oder unfit, um da mitzumachen. Du wirst dich lächerlich machen. Was hast du dir dabei gedacht, gegen all die jungen Leute antreten zu wollen. Am besten, du sagst gleich ab, dann kannst du dir die Mühe sparen."

Es ist die Angst zu versagen oder, in selteneren Fällen, die Angst, erfolgreich zu sein, die hier am Steuer ist. Letzteres ist tatsächlich ein Problem, denn dahinter stecken oft Kindheitserfahrungen, in denen ein Erfolg zu Streit oder heftigen Problemen geführt hat. Dein Gehirn - das ja immer nur dein Bestes will - hat das abgespeichert. Es weiß, dass es Ärger gibt, wenn du in etwas wirklich gut bist. Und die Vorstellung, mit deinem Team in der Firma an einem Wettbewerb teilzunehmen und zu gewinnen, könnte solche Erinnerungen wachrufen. Dazu kommt, dass viele von uns etwas perfektionistisch veranlagt sind. „Wenn ich etwas mache, dann richtig!" Kommt dir das bekannt vor? Und schon schieben wir wichtige Dinge vor uns her, denn wir haben Angst, Fehler zu machen, es nicht perfekt hin zu bekommen oder unseren eigenen Erwartungen nicht zu genügen.

WOHER KOMMT DIESE INNERE STIMME?

Dafür gibt es die unterschiedlichsten Gründe, aber sehr häufig ist es die Stimme eines besonders kritischen Elternteils oder Lehrers, die sich in Erinnerung ruft. Ich selbst hatte eine sehr glückliche Kindheit und war ein guter Schüler. Nicht überragend, aber so, dass ich ohne große Probleme durchkam und auch einen ordentlichen Abschluss geschafft habe. Mein Bruder war da etwas anders veranlagt. Er war oft verträumt und im Unterricht unaufmerksam. Er wusste die Antworten, wenn es darauf ankam, und lernte entsprechend vor den Klassenarbeiten. Er musste deutlich mehr tun als ich und ich hatte oft den Eindruck, dass die Schulzeit für ihn nicht die beste Zeit seines Lebens war. Darüber geredet haben wir erst vor Kurzem. Er war mit seiner Familie bei mir zu Besuch und irgendwie kamen wir auf unsere Schulzeit zu sprechen. Er erzählte mir, wie sehr es ihn gequält hat, dass Vater ihm immer gesagt hat, er solle sich ein Beispiel an mir nehmen, wenn er wieder einmal mit schlechten Noten heimkam. „Woran denn?", fragte er mich. „Du hast nie gelernt, zumindest habe ich dich nie dabei gesehen. Du hast gute Noten geschrieben, ohne dafür stundenlang büffeln zu müssen. Woran also sollte ich mir ein Beispiel nehmen?" Er erzählte, dass es ihn lang verfolgt habe. Dass er offenbar nicht gut genug war. Dass er, egal wie hart er für etwas arbeitete, immer schlechter sein würde als die anderen.

Mich machte das betroffen und ich fühlte mich auch ein wenig schuldig. Ich hatte unsere Eltern als warmherzig, hilfsbereit und sehr motivierend in Erinnerung. Aber ich konnte auch seine Erinnerungen verstehen. Bewusst wahrgenommen hatte ich die Szenen, auf die er sich bezog, nie. Aber ich weiß, dass ich mich heimlich freute, wenn mein Notendurchschnitt wieder einmal besser war als der meines Bruders. Auf die Idee, ihm zu helfen, bin ich damals nicht gekommen.

Unser Gespräch war aber wichtig, denn es half meinem Bruder, mit einem kritischen Teil seiner eigenen Geschichte abzuschließen. Ich erzählte viel von dem, was ich durch den und seit dem Unfall gelernt hatte. Ich bin definitiv ein besserer Zuhörer geworden in der Zwischenzeit und ich konnte nachvollziehen, wie es ihm damals ging, obwohl ich selbst nichts dazu beigetragen hatte. Das hat uns zwei wieder enger zusammengebracht.

Aber ich schweife ab. Für meinen Bruder war diese innere Stimme die meines Vaters, der ihn unablässig tadelte, egal, wie sehr er sich anstrengte. Der nie zu schätzen wusste, dass mein Bruder für seine Veranlagung eine ganz hervorragende Leistung erbrachte. Mein Bruder tat sich nämlich schwer mit Naturwissenschaften. Er war das Sprachgenie von uns beiden. Der Einfachheit halber haben meine Eltern uns aber beide auf dasselbe Gymnasium geschickt. Es war nah genug an unserem Wohnort, sodass wir mit dem Fahrrad fahren konnten. Meine Eltern waren beide berufstätig, also war dies durchaus ein wichtiger Faktor. An Schlechtwettertagen gab es zudem einen Bus. Das Abitur zu machen in fast ausschließlich den Fächern, die man hasst oder mit denen man nicht viel anfangen kann, muss die Hölle sein. Ich liebte Mathematik und Physik. Kam auch mit Biologie und Chemie gut klar. Mein Bruder war in Deutsch und Englisch hervorragend und gewann Preise, aber in den Naturwissenschaften war er, wie gesagt, am Kämpfen. Dennoch schaffte er mit 2.0 noch einen ganz beachtlichen Notendurchschnitt im Abitur.

Er sah das aber nicht als tolle Leistung, im Gegenteil. Er verglich sich mit mir und den vielen anderen, die besser abgeschnitten hatten. Er glaubte, unseren Vater enttäuscht zu haben, denn dieser hatte gehofft, dass einer von uns Medizin studieren würde. Er hat inzwischen seinen Platz im Leben auch gefunden. Er hat über Umwege Jura studiert. Mit einen hervorragenden Abschluss übrigens und betreibt inzwischen seine eigene Kanzlei. Er liebt seine Arbeit und hat eine tolle, glückliche Familie. Aber durch das Gespräch mit ihm wurde mir einmal mehr klar, wie oft wir durch den falschen inneren Dialog uns vieles kaputt reden, was eigentlich eine richtig gute Sache sein könnte.

Um noch einmal auf den Ausgangspunkt dieses Kapitels zurückzukommen: Die Situationen, denen wir uns oft ausgesetzt sehen, sind meistens weder schlecht noch gut. Es sind einfach ganz alltägliche Dinge, mit denen wir irgendwie umgehen müssen. Durch diese innere Stimme wird daraus viel mehr. Für die meisten Menschen leider sogar ein innerer Kampf.

ES WIRD ZEIT, DEN INNEREN KRITIKER AN DIE LEINE ZU LEGEN

Nicht zuletzt darum ist es wichtig, diese innere Stimme unter Kontrolle zu bekommen. Nicht nur, weil das Leben dadurch tatsächlich leichter wird, ohne dass man auch nur einen Euro mehr verdient, einen Kilometer weniger pendelt oder ein Kilo weniger auf den Rippen hat. Was zusätzlich dafür spricht, ist, dass man dir eine positive innere Einstellung ansieht - und das Gegenteil natürlich auch. Im letzten Kapitel haben wir ja schon darüber gesprochen, wie gut es schon tut, einfach zu lächeln. Wie man sofort merkt, dass die Anspannung weniger wird. Nun, beobachte dich einmal, wenn du richtig angespannt bist oder in

Gedanken gerade deinem inneren Kritiker zuhörst. Mach in so einem Moment spontan ein Selfie - oder noch besser, bitte einen Freund, dich in solchen Momenten zu fotografieren. Du wirst ihm nicht sagen müssen, wann das ist, denn diese Momente wird man dir ganz deutlich ansehen.

„Wahre Schönheit kommt von innen." Den Spruch hast du sicherlich schon einmal gehört. Da ist viel Wahres dran. Die Menschen um uns herum reagieren zwar auch auf Äußerlichkeiten wie eine schlanke Figur oder besonders schönes Haar. Richtig attraktiv aber wirken Menschen, die innerlich ausgeglichen sind, die mit sich im Reinen sind. Umgekehrt kann jemand noch so „schön" im landläufigen Sinne sein. Wenn er eher negativ auf alles eingestellt ist, sieht man ihm (oder ihr) das an und das nimmt sehr viel von der Attraktivität weg.

Nun kann man natürlich sagen, dass es nicht so wichtig ist, wie „attraktiv" man auf andere wirkt. Aber hier geht es um mehr. Menschen, die diese innere Ruhe, diese positive Einstellung haben, wirken auf andere Menschen auch kompetenter und selbstbewusster. Und leider ist es noch immer so, dass man selbstbewussten Menschen eher glaubt. Du kennst das vielleicht, dass in der Firma immer der Kollege recht bekommt, der sich und seine Punkte besser verkaufen kann.

Ich möchte hier aber nicht dafür plädieren, zu einem Dampfplauderer zu werden, der einem Eisbären einen Kühlschrank aufschwatzen könnte. Aber der erfolgreiche Kampf mit dem inneren Kritiker, dieser negativen Stimme im Unterbewusstsein, sorgt automatisch für ein gesundes Selbstbewusstsein. Das ist weder angeboren, noch nur besonders talentierten Menschen vorbehalten. Es ist kein genetisch bedingter Charakterzug. Selbstbewusstsein ist tatsächlich eine Fähigkeit, die man üben und lernen kann!

Aber ist das dann nicht einfach nur eine schöne Fassade? Kommt es nicht viel mehr auf ganz andere Dinge an, innere Werte zum Beispiel, die sich viel schwerer verändern lassen?

Nein, denn wenn du eine grundlegend positive Einstellung entwickelst, konstruktiv mit deinem inneren Kritiker umgehst, dann erstellst du keine hohle Fassade, sondern du legst ein stabiles Fundament. Ein Fundament für Veränderungen, die du im Moment vielleicht noch gar nicht für möglich hältst.

Damit das aber auch wirklich stabil wird, ist es wichtig, wirklich ehrlich mit und zu dir selbst zu sein. Mach langsam und lass dir Zeit. Es geht darum, deinen inneren Kritiker wirklich kennenzulernen - nicht, ihn im Fundament einzugießen, um im Bild zu bleiben. Erinnere dich daran: All diese Dinge wie die kritische innere Stimme, manche Ängste, der Reflex des Fliehens oder dich zu verteidigen, stammen daher, dass dein Unterbewusstsein dich schützen möchte. Diese innere Stimme ist nicht dein Feind. Es ist lediglich das Ergebnis eines Missverständnisses, das aufgelöst werden muss. Dazu musst du zuallererst zuhören lernen. Sicher sein, dass du wirklich deinen inneren Kritiker erwischst.

Was mir in solchen Situationen hilft, in denen ich einen inneren Widerstand spüre, den ich mir nicht gleich erklären kann, ist: Aufschreiben. Es ist wissenschaftlich bewiesen, dass Dinge, die wir idealerweise mit der Hand aufs Papier bringen, anders im Kopf verarbeitet werden, als wenn wir darüber reden oder gar nur nachdenken. Es werden andere Areale im Gehirn angesprochen. Gerade bei schwierigen Situationen kann das der Schlüssel zur Lösung sein. Ich schreibe also auf, was ich tun wollte und dann, welche Ausrede, Entschuldigung oder sonstige Gedanken sich aufdrängen, warum ich es jetzt gerade nicht tun sollte oder tun müsste. Dann überlege ich, was tatsächlich dahinter steckt. Wenn ich zum Beispiel die längst überfällige Steuererklärung angehen sollte und mich dem Schreibtisch nähere, bildet sich direkt ein Knoten in meinem Bauch. Ich höre in mir: „Ach komm, heute ist vielleicht der letzte schöne Tag, das kannst du doch auch heute Abend noch machen." In Wirklichkeit steckt dahinter die Furcht, wichtige Unterlagen vergessen zu haben und diese nicht mehr rechtzeitig vor Ablauf der Frist zusammen zu bekommen.

Also, um es zusammenzufassen: Egal, woher die Stimme kommt. Ob es deine eigene oder die eines kritischen Elternteils, Lehrers oder einer anderen Respektsperson ist. Nimm dir ausreichend Zeit, zuzuhören und zu lernen. Höre so lange zu, bist du verstehst, wovor diese Stimme dich schützen will.

Wenn du da ein klares Bild entwickelt hast, geht es darum, in den Dialog mit dem inneren Kritiker zu treten. Alles im Bewusstsein, dass er (oder sie) tatsächlich dein Freund ist, der nur etwas fehlgeleitet wurde. Überlege dir, welche Schwächen dir da reflektiert werden. Was glaubt diese innere Stimme (und damit ja auch du), das du falsch machst, nicht gut kannst oder anders angehen solltest?

Und dann widersprich nicht einfach - nach dem Motto, dass das nicht stimmt - sondern nimm das „Feedback" als solches an. Und dann mach daraus eine Stärke. Wenn deine innere Stimme dir vorwirft, immer aus jeder Mücke einen Elefanten zu machen, dann könnte das ja ein Argument dafür sein, dass du ein sehr lebendiges Vorstellungsvermögen hast. Anstatt nun tatsächlich immer nur die schlimmsten Katastrophen auszumalen, könntest du das nutzen, um dir eine Vision zu basteln. Stelle dir vor, was du wirklich gerne erreichen möchtest und male es dir in den buntesten Farben aus.

Wenn deine innere Stimme schimpft, dass du immer so langsam bist und alles bis in die dritte Nachkommastelle analysieren musst, dann könnte die Stärke für dich sein, dass du eine sehr genaue Beobachtungsgabe hast. Damit kannst du nun anfangen, jeden Tag Dinge zu notieren, die ganz besonders gut gelungen und gelaufen sind, auch wenn es nur ganz kleine Dinge waren. Die jemand anders vielleicht gar nicht bemerken würde.

Du bist eher still und introvertiert und deine innere Stimme meint, du solltest dir ein Beispiel an den extrovertierten Kollegen nehmen? Du bist immer der Ruhige in der Runde? Nun, du bist vermutlich gleichzeitig derjenige in der Runde, der am besten zuhören kann. Das ist eine seltene Gabe - und etwas, das dich vermutlicher populärer macht als all diejenigen, die dauernd tolle Witze reißen können. Es macht dich aber auf alle Fälle zu einem besseren Freund.

Du wirst sehen, die Übung macht Spaß. Und je mehr „Schwächen" du so auf den Kopf drehst, desto mehr wird dir selbst bewusst, wie stark und kompetent du in Wirklichkeit bist.

Im nächsten Schritt schaust du dir an, wer deine Vorbilder im Leben wirklich sind.

Natürlich sagen wir alle im ersten Moment, dass dies vor allem der eigene Vater, der Großvater, oder andere, wirklich wichtige Menschen aus der Geschichte der Menschheit sind. Einstein. Oder Mutter Theresa. Du verstehst sicherlich, was ich meine. In Wirklichkeit hat aber jeder von uns ein oder zwei Vorbilder, die uns WIRKLICH beeinflusst haben, als wir aufgewachsen sind. Nur stehen wir nicht dazu, denn das sind oft fiktive Charaktere aus Filmen, Comic-Helden oder Figuren aus deinem Lieblingsbuch, das du genau deswegen immer wieder gelesen hast.

Und genau um diese geht es jetzt! Setze dich hin und schreib so viel positive Charakteristika deiner „Helden" auf, wie du in zwei Minuten zusammen bekommst. Damit meine ich nicht, dass sie fliegen können und Menschen aus brennenden Häusern retten. Sondern die Stärken, die dem zugrunde liegen:

- Mut
- Cleverness
- Schnelligkeit
- Ausstrahlung
- Beliebtheit
- Großzügigkeit
- ...

Wenn du das über eine gewisse Zeit jeden Tag machst, trainierst du dein Unterbewusstsein erstens einmal, diese Charakteristiken in ganz vielen Menschen um dich herum in ganz alltäglichen Situationen zu sehen. Und du wirst sie nach und nach auch selbst annehmen. Du merkst, dass jeder auch im täglichen Leben einmal ein Held sein kann. Dass du das selbst sicherlich schon einmal gewesen bist. Probiere es aus. Einfach nur die Stärken, die dir in zwei Minuten einfallen, aufschreiben. Nicht mehr. Keine Pläne, wie du das selbst umsetzen kannst, wie du selbst zum Helden wirst. Einfach nur die Eigenschaften dessen auflisten, was für dich ein Held ist, ohne groß darüber nachzudenken.

Du kannst auch deine innere Stimme umdrehen und mit dir wie mit deinem besten Freund sprechen. Das wird am Anfang nicht leicht sein und du fühlst dich dabei vielleicht auch ein wenig seltsam. Meine jetzige Freundin hatte gemeint, ich sollte das vor dem Spiegel machen, jeden Morgen. Wenn da nur nicht die Angst gewesen wäre, dass mich dabei jemand erwischt.

Ich habe etwas anderes probiert und Briefe an mich selbst geschrieben. Jeden Morgen, in mein Tagebuch. „Lieber Johannes", habe ich angefangen und mir dann Mut gemacht zum Beispiel für eine schwierige Entscheidung, die an dem Tag anstand. Oder mich gelobt für etwas, das ich am Tag vorher super hinbekommen hatte. Und nach und nach ist etwas Witziges passiert. Irgendwann hat mein Unterbewusstsein diesen „Coach" aufgenommen. Morgens beim Rasieren hatte ich statt des inneren Kritikers, der mich grübeln ließ, plötzlich die Stimme in mir, die mir Mut machte, die sagte, dass sie an mich glaubt.

Wenn du nicht so „schüchtern" bist wie ich, kannst du auf den Schritt mit dem Briefeschreiben verzichten und einfach vor dem Spiegel direkt mit dir reden. Schau dir in die Augen und sag dir das, was du auch deinem besten Freund in einer schwierigen Situation sagen würdest. Wichtig ist, dass es keine allgemeinen Statements sind, zumindest nicht nur. Es ist schon gut, auch zu sagen, dass du generell an dich glaubst, dass du dich magst und so weiter. Noch besser ist es, wenn du Bezug nimmst auf aktuelle Themen, die dich beschäftigen.

Wenn du das eine Zeitlang durchgeführt hast, bist du bereit für den nächsten Schritt. Du kannst dich an die schwierigeren Herausforderungen wagen, vor denen es dir normalerweise eher etwas graut. Nimm dir die Sachen, die dir am schwersten fallen, gleich als Erstes am Tag vor. Wenn es ein richtig schwieriges Thema ist, nimm dir sonst nichts vor, aber gehe es an. Mach jeden Tag eine Sache, die dir schwerfällt. Das kann auch etwas ganz Kleines sein - ich telefoniere nicht gerne und schreibe lieber Textnachrichten. Da ein paar meiner Freunde aber nicht so an ihrem Telefon hängen wie ich das eine Zeitlang getan habe, dauert es erstens, bis eine Antwort kommt und ab und zu war es dann zu spät, um zum Beispiel noch etwas zu unternehmen. Ich habe mir darum vorgenommen, wichtige Menschen und bei wichtigen Angelegenheiten direkt anzurufen. Keine Mail, keine Textnachricht. Anrufen und direkt klären. Inzwischen ist das für mich überhaupt kein Thema mehr und es hat mein Leben wirklich leichter gemacht.

Du wirst schnell merken, dass es dir nicht mehr reicht, dich einfach nur vom Leben treiben zu lassen. Spätestens jetzt kommt der Punkt, an dem du dich hinsetzen und aufschreiben solltest, was du vom Leben erwartest. Was möchtest du gerne erlebt und erreicht haben, bevor du stirbst? So eine Liste heißt auch „Löffelliste", weil darin Dinge aufgelistet sind, die man tun möchte, bevor man den Löffel abgibt. Das hilft, dich zu fokussieren. Wenn du dir klar machst, was du wirklich möchtest (und das muss gar nichts Großes wie ein Marathon oder eine Weltreise sein), dann fällt es dir leichter, in manchen Situationen Entscheidungen zu treffen. Du wirst vielleicht auch eher einmal nein sagen, weil die Option, um die es geht, dir bei deinen Plänen im Weg stehen würde.

Das hat nichts mit Egoismus zu tun, ganz im Gegenteil. Je klarer du dir selbst wirst, was dich antreibt, was du wirklich möchtest, was deine Träume sind, desto einfacher fallen dir Entscheidungen. Das steigert dein Selbstbewusstsein, aber es verschafft dir auch Zeit. Denn, wenn du zielstrebig und klar deine Ziele verfolgst, hat der innere Kritiker kaum noch eine Chance. Du grübelst nicht ewig herum und kannst die freie Zeit und Energie darauf verwenden, Freunden zu helfen und für sie da zu sein.

Als entscheidungsfreudig wahrgenommen zu werden, kommt zudem gut an, es macht dich populärer. Beobachte dein Umfeld: Welcher Freund kommt bei dir besser an? Derjenige, der sofort eine Antwort geben kann, selbst wenn das ein „Tut mir leid, da kann ich nicht…" ist? Oder derjenige, der herumdruckst, zuerst zusagt, dann später absagen muss (weil es eben wirklich nicht gepasst hat)? Oder nur halbherzig bei der Sache ist?

Fazit: Der Dialog mit unserem inneren Kritiker ist vermutlich der schwierigste Teil auf dieser Reise. Er braucht am meisten

Aufmerksamkeit und das konstant über einen längeren Zeitraum hinweg. Aber er bringt auch den meisten Nutzen, wenn wir ihn richtig führen.

5

DAS UMFELD ÄNDERT SICH MIT

„Falls du glaubst, dass du zu klein bist, um etwas zu bewirken, dann versuche einmal zu schlafen, wenn eine Mücke im Raum ist."

— DALAI LAMA

---

*D*as Umfeld, in dem wir uns bewegen, hat einen sehr großen Einfluss darauf, wie es uns geht. Und wie positiv oder negativ wir auf Ereignisse in unserem Leben reagieren. Das passiert automatisch, ohne dass uns das oft so richtig bewusst ist. Das fängt natürlich mit der Familie an, denn dort bekommen wir die erste Prägung verpasst. Wie unsere Eltern und andere nahe Verwandte zum Leben stehen, beeinflusst unsere eigene Sicht der Dinge. Werte, die wir von ihnen übernehmen, spielen eine große Rolle dabei, welche Entscheidungen wir auch noch viel später im Leben treffen. Danach kommen die Lehrer in der Schule, enge Freunde, noch später dann das Studium oder eine Ausbildung und Lehre. Wir Menschen sind soziale Lebewesen. Wir bleiben in all der Zeit nicht in einem Vakuum, sondern übernehmen ganz unbewusst Verhaltensweisen, Ansichten und Einstellungen von Menschen um uns herum. Vor allem von Menschen, die uns beeindrucken.

WIE ENTSTEHT UNSER UMFELD?

Was aber macht den Unterschied? Wann beachten wir einen Menschen? Wann versuchen wir vielleicht sogar aktiv, ihm oder ihr nachzueifern? Hat das immer nur mit sichtbarem Erfolg zu tun oder gibt es vielleicht auch andere Faktoren, die hier eine Rolle spielen?

Als ich im Krankenhaus lag und gerade erfahren hatte, dass meine Frau bei dem Unfall gestorben war, brach für mich eine Welt zusammen. Hätte mir in dieser Situation jemand gesagt, dass ich meine innere Einstellung ändern soll, hätte ich ihn vermutlich hochkant aus dem Krankenzimmer geworfen. Und noch ein paar nicht ganz druckreife Ausdrücke hinterher. Es ist mir mehr als bewusst, dass diese „positive Einstellung" nicht unbedingt das ist, was man in einer schwierigen Phase im Leben hören möchte. Da braucht man Zuspruch, seelische Unterstützung.

Ich hatte damals das Glück, sehr viel davon zu bekommen, obwohl ich es nicht unbedingt verdient hatte, so übel gelaunt wie ich mit meinem Umfeld umgesprungen bin. Aber meine Eltern und auch meine Töchter ertrugen meine Launen mit einer Engelsgeduld. Im Nachhinein platze ich fast vor Stolz, wenn ich daran denke, wie reif und erwachsen meine - pubertierenden - Töchter sich der Herausforderung stellten.

Im Krankenhaus lernte ich dann auch meine jetzige Freundin kennen. Sie ist Physiotherapeutin und hat mich über die ersten schwierigen Wochen begleitet. Wenn ich ehrlich bin, hat sie mir vor allem dadurch geholfen, dass sie mir ins Gewissen geredet und mehr als einmal den Kopf gewaschen hat, wenn ich mich wieder einmal in mein Jammertal fallen lassen wollte. Und sie hat mich irgendwann in eine Selbsthilfegruppe für Trauerarbeit mitgeschleppt. Sie selbst hat ihren Ehemann vor wenigen Jahren an Krebs verloren und leitet solche Gruppen seither ehrenamtlich.

Einmal abgesehen davon, dass es tatsächlich gut tut, sich mit Menschen auszutauschen, die Ähnliches erlebt haben, habe ich vor allem eines beobachtet: In dem Moment, in dem ich mich mit Menschen umgeben habe, die nach einer Zeit der Trauer wieder positiv in die Zukunft sahen, änderte sich auch meine Einstellung. Ich merkte selbst, dass ich den Blick wieder nach vorne wenden musste. Mehr noch, ich spürte, dass ich es durfte.

Meine eigenen Schuldgefühle hatten mir lange eingeredet, dass ich kein Glück mehr verdient hätte. Dass ich es meiner Frau schuldig bin, die Erinnerung an sie hochzuhalten. Immerhin war ich ja am Steuer des Autos, als der Unfall geschah.

Aber das heißt und hieß natürlich nicht, nur noch in der Vergangenheit zu leben.

„Your vibe attracts your tribe", las ich zu der Zeit, als ich die ersten Treffen der Trauergruppe besuchte, in einem Buch. Leider weiß ich nicht mehr, wo das war. Aber ich hatte den Spruch auf ein Post-It geschrieben und an den Monitor meines Computers geklebt. Und da hängt er noch heute. Was dahinter steckt, ist die Tatsache, dass deine Ausstrahlung die Menschen in dein Leben zieht, die zu dir und deiner jeweiligen Ausstrahlung passen. Bist du pessimistisch und wenig zuversichtlich unterwegs, wirst du vorwiegend auf solche Menschen stoßen und dich näher mit ihnen beschäftigen. Und dich im Zweifelsfall von ihnen noch weiter herunterziehen lassen.

Umgekehrt wirst du in dem Moment, in dem du mit Dankbarkeit, Zuversicht und einer positiven Einstellung deinem Umfeld gegenüber unterwegs bist, immer mehr solche Menschen treffen, was den positiven Effekt noch bestärkt.

Du musst aber nicht darauf warten, dass das durch Zufall passiert, denn du kannst auch ganz bewusst nach Menschen suchen, die das verkörpern, was du gerne für dich hättest. Schau dich in deinem Freundeskreis um. Gibt es da jemanden, dem offenbar alles extrem leicht fällt? Der immer auf den Füßen zu landen scheint, egal was passiert? Nimm Kontakt auf, suche ihre Nähe! Die Einstellung von Freunden, die sich selbst als vom Glück begünstigt erleben, färbt ab.

Umgekehrt gilt auch: Sei dir nicht zu schade, Menschen aus deinem Leben zu entfernen, die dir nicht (mehr) gut tun. Du bist nur dir selbst Rechenschaft schuldig. Gibt es Menschen in deinem Leben, die dir das Gefühl vermitteln, immer irgendwie etwas schuldig zu bleiben, für ihr Lebensglück verantwortlich zu sein oder dich entschuldigen zu müssen für die guten Dinge, die in deinem Leben passieren? Dann brich den Kontakt ab oder reduziere ihn zumindest soweit, dass es dich nicht weiter belastet.

Das mag kalt und egoistisch klingen, aber im Prinzip hat die Natur das genauso für uns vorgesehen. Es gibt ein Hormon - Oxytocin - das dafür sorgt, dass wir zum sozialen Umgang mit anderen Menschen in der Lage sind. Dass wir Empathie empfinden, uns auf andere Menschen und ihre Situation einstellen können. Wenn wir in einem sozialen Umfeld sind, dass uns gut tut, merken wir das unbewusst und reagieren mit einer höheren Ausschüttung von Oxytocin.

Bevor hier aber ein falscher Eindruck entsteht: Ich plädiere hier nicht dafür, dich nur noch mit reichen und erfolgreichen Menschen zu umgeben und Freunde zu vermeiden, die deine

Hilfe brauchen. Das Gegenteil ist der Fall. Gutes zu tun, anderen zu helfen, sorgt nämlich tatsächlich zu einer noch höheren Ausschüttung von Serotonin und Dopamin, den Glückshormonen. Wir fühlen uns besser, wenn wir anderen etwas Gutes tun. Worum es mir ging, ist, die Miesepeter und Schmarotzer aus deinem Leben zu entfernen.

Auf Okinawa gibt es dafür sogar einen Begriff: „Moai". Dahinter versteckt sich das Prinzip, dass man sich fünf Menschen zu Freunden macht, mit denen man dann den Rest des Lebens engen Kontakt hält und sich gegenseitig in guten wie in schlechten Zeiten zur Seite steht. Es geht dort also nicht darum, möglichst viele Freunde zu haben, sondern lediglich fünf, aber die eben richtig. Aktiv Kontakt halten, nacheinander sehen, sich umeinander kümmern. Nicht nur an Geburtstagen oder den üblichen Feiertagen. Das können durchaus Familienmitglieder sein, aber es geht um eine echte, tiefe Verbindung.

In unserer heutigen Zeit geht leider Quantität vor Qualität. Ich nutze Facebook auch, um mit Freunden aus der ganzen Welt in Verbindung zu bleiben. Ich habe eine Zeitlang im Ausland gearbeitet und Facebook macht es leichter, den Kontakt mit Menschen zu halten, die man nicht einfach so einmal besuchen kann. Aber echte soziale Verbindungen ersetzt das nicht, das muss einem bewusst sein.

Anfang der 2000er Jahre gab es in England eine groß angelegte Umfrage. Dabei wurde erforscht, wie viele Menschen jeder in seinem Umfeld hat, an die er sich in Zeiten einer Krise wenden könnte. Damals waren das im Durchschnitt zwei Menschen. Ich finde, das ist schon wenig. Aber vor rund zwei Jahren wurde dieselbe Untersuchung erneut durchgeführt, und damals war das Ergebnis: 0. N – U – L – L! Über 90 Prozent der Befragten gaben an, niemanden zu haben, an den sie sich in Zeiten einer persönlichen Krise wenden könnten. Die restlichen zehn Prozent konnten wenigstens mit einem Kontakt aufwarten. Wenn man dann bedenkt, dass 10 Prozent aller Männer und 25 Prozent aller Frauen irgendwann in ihrem Leben an Depression erkranken, ist das eine erschreckende Vorstellung.

Wenn du jetzt meinst, das kann so nicht stimmen, denn wir haben doch alle so viele Freunde, dann setze dich tatsächlich hin und schreibe auf, wie viele davon du wirklich anrufen würdest, wenn es dir schlecht geht. Wie vielen davon würdest du die Wahrheit sagen, was wirklich in deinem Leben Sache ist? Wie viele davon kennen dich so, wie du wirklich bist?

Wir sind in der westlichen Welt soweit, dass wir inmitten von hunderten virtuellen Freunde tatsächlich vereinsamen. Wir verbringen viel Zeit damit, ein Bild von uns aufzubauen, wie wir uns gerne sehen würden und wie wir gesehen werden wollen. Das ist zutiefst menschlich, schließlich wollen wir alle gemocht werden und in den Rahmen der derzeit üblichen sozialen Konventionen passen. Aber wir packen das vom falschen Ende an. Wir versuchen, uns in eine Schablone zu pressen, von der wir glauben, dass es von uns erwartet wird.

Oft steckt dahinter eine negative Einstellung zu sich selbst, noch verstärkt durch den inneren Kritiker, über den ich im letzten Kapitel geschrieben habe. Wir glauben, so wie wir sind, nicht gut genug zu sein. Wir glauben, wenigstens nach außen den Eindruck aufrecht erhalten zu müssen, dass wir unser Leben im Griff haben. Wir achten immer sehr darauf, eine perfekte Fassade aufrecht zu erhalten.

DAS AFFENHIRN ÜBERNIMMT WIEDER

Klingt das anstrengend? Ich finde schon. Und es ist falsch. Aber wie können wir das ändern?

Das führt uns nun zur anfänglichen Frage zurück: Warum lassen wir uns von manchen Menschen mehr beeinflussen als von anderen?

Nun, zunächst einmal achtet unser Unterbewusstsein auf bekannte Muster. Auf vertraute Dinge in unserer Umgebung. Das folgt im Wesentlichen der Logik, dass Dinge, die früher gut für uns waren, auch in Zukunft gut sein müssen. Erinnerst du dich daran? Unser Gehirn hat als einziges Ziel, unser Überleben zu sichern. Und natürlich das unserer Spezies. Wenn es in unserer Kindheit also Muster gab, Rituale, Denkweisen, Werte, die in uns ein gutes Gefühl wie Sicherheit und Geborgenheit ausgelöst haben, dann reagiert unser Unterbewusstsein auch später im Leben auf ähnliche Muster in unserem Umfeld.

Du kennst das sicherlich auch: Du willst zum ersten Mal in deinem Leben ein fabrikneues Auto kaufen und hast dich nach langer Recherche endlich für ein bestimmtes Modell in einer bestimmten Farbe entschieden. Du möchtest ein zuverlässiges Modell, aber langweilig soll es auch nicht sein. Günstig im Unterhalt. Aber irgendwie doch auch was hermachen. Du gibst dir viel Mühe, mit den Ausstattungsmerkmalen zu spielen, so dass möglichst viel in dein Budget passt. Und glaubst, bald ein ganz besonderes Fahrzeug dein Eigen nennen zu können. Und was passiert? Kaum hast du es abgeholt und fährst, stolz wie Oskar, zum ersten Mal durch die Stadt, siehst du auf einmal überall denselben Fahrzeugtyp in derselben Farbe mit denselben Felgen. Hat auf einmal die ganze Welt entschieden, dich zu kopieren? Nein! Aber wir nehmen am Tag so viel Sinneseindrücke wahr, dass unser Gehirn filtern MUSS, damit wir nicht wahnsinnig werden. Und da dieses Auto dir offenbar Freude bereitet hat (wovon ich ausgehe, sonst hättest du es ja nicht gekauft), was das Gehirn aufgrund der entsprechenden Hormonausschüttung registriert hat, zeigt es dir unter all den Sinneseindrücken vor allem die, die zu den „guten" Momenten passen.

Das funktioniert auch mit Situationen oder Momenten, die nicht auf den ersten Blick so offensichtlich sind wie ein Fahrzeugtyp (oder das rote Kleid, das man unbedingt haben wollte, oder die tolle neue Uhr…). Optimisten zum Beispiel sehen vor allem andere Menschen, die optimistisch durchs Leben gehen. Sie sehen das, was sie bereits haben und freuen sich daran, wissend, dass es in ihrem Leben immer genug von dem geben wird, was sie benötigen werden. Pessimisten sehen vor allem das, was ihnen fehlt. Sie fürchten, dass der Mangel noch größer werden könnte und sehen sich durch andere Menschen in ihrem Umfeld, die das ähnlich sehen, in ihrer Sichtweise bestätigt. Sie registrieren gar nicht, dass es in ihrem Freundeskreis auch Menschen gibt, die ganz anderer Meinung sind.

Aber diese Prägung ist kein Naturgesetz. Sie ist nicht in Stein gemeißelt. Diese Sichtweisen haben wir zum allergrößten Teil erlernt, durch das Vorbild, das unsere Eltern uns gegeben haben, aber auch durch andere tiefergehende Erfahrungen im Laufe unseres Lebens. Die Erfahrungen selbst, aber vor allem unsere Interpretation derselben, manifestieren unser Weltbild. Und genau hier liegt der Hund begraben: Es sind (und waren dies auch schon bei unseren Eltern) vor allem Interpretationen.

Die gute Nachricht dabei ist: Das kann man umdrehen. Die ersten beiden Schritte hast du bereits vollzogen. Du achtest darauf, wie du dich gibst. Du gehst und stehst aufrecht, entspannst Gesicht und Schultern und lächelst auch dann, wenn dir eigentlich gar nicht danach ist. Und deine innere Stimme ist inzwischen dein bester Freund geworden. Aber du fühlst dich noch immer ein wenig wie Don Quijote, der gegen Windmühlen kämpfen muss? Nun, genau darum geht es nun. Nicht Windmühlen zu bekämpfen, sondern für ein Umfeld zu sorgen, in welchem du auch von außen die richtigen Impulse für eine positive Einstellung zum Leben bekommst.

DAS RICHTIGE UMFELD SCHAFFEN

Das Umfeld, in dem wir leben, ist nämlich immer ein Ergebnis von Entscheidungen, die wir selbst getroffen haben. Wir haben prinzipiell IMMER eine Wahl, mit wem wir uns abgeben und umgeben wollen. Das mag jetzt wirklich hart klingen. Vielleicht sträubst du dich ein wenig dagegen, denn es klingt ziemlich egoistisch. Aber lies bitte weiter und lass den nächsten Teil wirklich auf dich wirken.

Erinnerst du dich an das Kapitel mit den Menschen aus den Blue Zones? Das Prinzip der Moai? Der fünf besten Freunde, dem die Menschen auf Okinawa folgen? Genau darum geht es hier. Es geht nicht darum, nur Leute um dich zu haben, die dir in materiellen Dingen „etwas bringen". Dazu gibt es berufliche Netzwerke, die natürlich absolut legitim sind und auch genutzt werden sollen.

Nein, bei Moai geht es um echte, tiefe Freundschaften. Um Menschen, die du in dein Leben lässt, weil du ihnen vertrauen kannst. Die auch dann zu dir stehen, wenn du einmal Mist gebaut hast, mit denen du aber auch über solche Momente sprechen kannst, ohne das Gefühl zu haben, am Pranger zu stehen. Die nie hinter deinem Rücken über dich reden würden, aber umgekehrt auch mit ihren Momenten der Schwäche und der Schande zu dir kommen.

„Geteiltes Leid ist halbes Leid." Den Spruch hast du sicherlich schon gehört. Hand aufs Herz: Wie viele deiner Freunde fallen dir ein, wenn du diesen Spruch liest? Mit wem kannst du wirklich reden, wenn du richtig am Boden bist? Wenn du einmal einen richtigen Bock geschossen hast, dich dafür schämst und nicht weißt, wie du das wieder in Ordnung bringen kannst? Wenn du, von Selbstzweifeln zerfressen, keinen Ausweg aus einer schwierigen Situation findest?

Wir glauben in solchen Momenten immer, es wie der „Lone Ranger" alleine hinbekommen zu müssen. Hollywood hat uns eingeimpft, dass echte Helden keinen Schmerz kennen. Und auch die schwierigsten Situationen mit Bravour im Alleingang meistern. Aber wir sind weder Superhelden, noch ist das Leben ein Hollywood-Film. Wir Menschen sind mit allem, was uns ausmacht, soziale Wesen. Die Natur hat es für uns nicht vorgesehen, alleine zu leben und alleine zu kämpfen. Ganz im Gegenteil.

Inzwischen weiß man, dass das vegetative Nervensystem (also das Nervensystem, welches unsere inneren Organe, das Herz, den Verdauungstrakt und so weiter steuert) mindestens genauso wichtig und mächtig ist, wie unser zentrales Nervensystem im Gehirn. Schon in der Antike sprach man vom „Bauchgefühl" und davon, dass einem „das Herz gebrochen" werden kann. Das war nicht nur so dahingesagt. Unser Herz kann tatsächlich „brechen". Dafür gibt es inzwischen sogar einen medizinischen Ausdruck: Das „Broken Heart Syndrome".

Wenn wir alleine leben, ist unser gesamtes Nervensystem, zentral und vegetativ, in höchstem Alarmzustand. Zu Beginn unserer Entwicklung kam es einem Todesurteil gleich, wenn das Mitglied eines Stammes verstoßen wurde. Das ist heute natürlich nicht mehr der Fall, aber der älteste Teil unseres Gehirns läuft noch immer auf diesem Betriebssystem. Egal, wie sehr wir uns selbst einreden, alleine gut klar zu kommen, für unseren Organismus ist das nicht der Fall. Vor allem, wenn „alleine" zugleich „einsam" bedeutet, ist das purer Stress. Dieser kann tatsächlich schwerste gesundheitliche Folgen wie Depressionen haben, aber auch physische Probleme mit dem Herzen, dem Kreislauf, der Verdauung oder, den Klassiker, Rückenschmerzen mit sich bringen.

Leider bedeutet, von vielen Menschen umgeben zu sein, nicht zwangsläufig, sich NICHT einsam zu fühlen. Genau darum ist es so unglaublich wichtig, für sich das richtige Umfeld zu finden und - ja, auch und gerade - bei den engsten Freunden sehr wählerisch zu sein.

HÄTTEST DU DAS NICHT FRÜHER SAGEN KÖNNEN?

Du fragst dich jetzt vielleicht, warum ich dann erst so spät im Buch mit diesem Thema daherkomme?

Stelle dir die folgende Situation vor: Du hast gerade deinen Job verloren. Dir wurde gekündigt, weil deine Leistung nicht mehr passte oder du sonst Probleme mit deinem Vorgesetzten hattest (wie im Beispiel mit meinem ehemaligen Kollegen im Kapitel über die Körperhaltung). Du bewirbst dich natürlich gleich wieder, aber die einzige Stelle, die dir angeboten wird, liegt am anderen Ende des Landes. Du musst umziehen, weit weg von deinem Freundeskreis.

Du trittst die neue Stelle an, aber du bist gestresst. Du weißt, wie schwer es war, diese Stelle zu finden. Du hast Angst, die Probezeit nicht zu überstehen, denn es gibt sehr viel zu lernen und du fühlst dich, gelinde gesagt, ziemlich überfordert. Du machst dir selbst permanent Vorwürfe, weil du die vorherige Stelle verloren hast und sitzt abends völlig erledigt, deprimiert und alleine in der Wohnung, die dir noch ziemlich fremd vorkommt.

Würdest du in so einer Situation überhaupt in der Lage sein, dir ein positives, soziales Umfeld aufzubauen?

Ich glaube nicht.

Du musst zuerst an dir selbst arbeiten. Dir bewusst werden, dass es deine eigene Einstellung zu deiner Situation ist, die sie zu einem schlimmen oder zu einem spannenden Erlebnis macht. Also an deiner Haltung, der inneren und der äußeren, arbeiten. Den inneren Kritiker besänftigen. Wenn du all das bereits tust oder sogar getan hast, wirst du nämlich nicht deprimiert, von Zukunftsängsten geplagt und voller Reue in deinem Zimmer sitzen. Die Kündigung - die ja möglicherweise aus wirtschaftlichen Gründen erfolgt ist - ist dann für dich gar nicht mehr die große Katastrophe. Im Gegenteil, du siehst darin eine Chance, aus einem Trott auszubrechen, der dir schon lange keine Freude mehr gemacht hat. Selbst wenn dir aus Mangel an Leistung gekündigt wurde: Woher kam denn diese innere Hemmung, mehr zu leisten?

Was ich sagen möchte: Bevor du dich erfolgreich an den Aufbau eines positiven Umfelds machen kannst, muss dein „inneres" Fundament schon stabil genug sein, dass du dir das überhaupt zutraust. Natürlich heißt das nicht, alle Freunde hinter dir zu lassen, gerade in so einer Situation. Aber der ehemalige Kollege, von dem ich erzählt habe, hat genau das gemacht. Er hat sich so sehr geschämt und war so sehr mit seinen Ängsten beschäftigt, dass er sich völlig von allen zurückgezogen hat. Und wir, sein altes „Umfeld", haben uns im Gegenzug nicht getraut, nachzuhaken. Wir wussten nicht, wie wir ihn in so einer Situation ansprechen sollten.

Wie er mir erzählt hat, als ich den Kontakt wieder aufgenommen hatte, galt das nicht nur für die Kollegen, sondern für alle. Er war sportlich sehr aktiv und Teil einer Laufgruppe gewesen. Mindestens einmal wöchentlich hatte er sich mit dieser Gruppe zum Training getroffen. Man hatte Geburtstage und Weihnachten zusammen gefeiert. Hätte ich ihn damals gefragt, hätte er sicherlich bestätigt, dass das ein „gesundes" Umfeld ist, dass er sich in dem Kreis gut aufgehoben fühlt.

Nun, nach seiner Kündigung zog er sich auch dort zurück. Er schämte sich, arbeitslos zu sein und wollte den ehemaligen Laufkollegen mit ihren erfolgreichen Karrieren nicht unter die Augen treten. Und was passierte? Nichts. Nicht einer dieser Leute, die er für Freunde gehalten hatte, schrieb auch nur eine einzige Textnachricht. Als er ein Jahr später von sich aus den Kontakt wieder aufnahm, sprach er sie darauf an. „Du hättest dich ja auch melden können", bekam er zur Antwort.

Er ist inzwischen nicht mehr Teil dieser Gruppe.

Verstehst du, was ich meine?

Wir brauchen Menschen um uns herum, denen wir vertrauen können. So sehr, dass wir mit ihnen auch die schwachen Momente teilen können. Die Momente, in denen wir uns sehr verwundbar fühlen. Wenn es diese Menschen nicht in deinem Leben gibt, ist es sehr schwer, sie zu finden, wenn du ganz am Boden bist und selbst nicht mehr an dich glaubst. In so einer Situation empfehle ich tatsächlich, dir professionelle Hilfe zu holen. Das ist keine Schande, sondern eher ein Indiz dafür, dass du tatsächlich Verantwortung für dich und dein Leben übernimmst. Ich habe das in meinem dunkelsten Moment auch getan und bin heute sehr froh darüber.

Darum also habe ich zuerst mit den Aspekten angefangen, die dir helfen, an dich und deine Fähigkeiten zu glauben. Eine Vision zu entwickeln, was du aus deinem Leben machen möchtest. Denn dann wirst du auch die richtigen Leute finden, die diesen Weg mit dir gehen können.

Glücklicherweise kommt es dabei nicht auf Quantität an. Es reichen tatsächlich einige wenige, die hier unglaublich viel bewirken können. Ein oder zwei für den Anfang, der Rest wächst dann von alleine weiter.

„Your vibe attracts your tribe" - erinnerst du dich an den Spruch? Sobald du anfängst, Veränderungen in deinem Leben häufiger als Chance und nicht als Bedrohung wahrzunehmen, wirst du auf immer mehr „Gleichgesinnte" treffen. Ähnlich wie das Auto, das dir auf einmal im Verkehr auffällt, wirst du eher auf Menschen reagieren, die dir ähnlich sind. Suche den Kontakt genau zu diesen Menschen! Zu Menschen, die das verkörpern, was du selbst vom Leben möchtest. Und noch einmal: Damit sind nicht materielle Besitztümer gemeint, denn Dinge zu haben, macht in den seltensten Fällen lange glücklich. Nein, es geht um Menschen, die die richtigen Werte leben, die offenbar Glück und Zufriedenheit gefunden haben und dies auch nach außen ausstrahlen.

Du wirst schnell feststellen, dass du auf diesem Weg viele Frösche küssen musst, um ein paar echte Prinzen zu finden. Auf den ersten Blick ist es schwer, diejenigen zu erkennen, die sozusagen „nur an der Fassade" gearbeitet haben und sich nur gut verkaufen können. Aber vielleicht musst du gar nicht in die Ferne schweifen. Schau dir deinen existierenden Bekanntenkreis einmal genauer an. Ich bin sicher, du stößt auch dort auf einmal auf „stille Wasser", die all das bereits verkörpern, was du suchst. Sie waren aber bisher zu still oder zu wenig „aufregend", sodass du sie zwischen all den anderen Leuten in deinem Leben schlicht nicht bemerkt hast.

Bei mir war das die Betreiberin eines kleinen Restaurants im Nachbarort. Wir gehen als Familie sehr gerne dort hin, weil die Wirtin es schafft, es wie ein echtes Zuhause wirken zu lassen. Ich kenne Susanne nur als perfekte Gastgeberin. Umso mehr hat es mich erstaunt, als ich erfuhr, dass ihr Mann sie verlassen hat, während sie mit dem zweiten Kind schwanger war. Er war der Koch im gemeinsamen Betrieb. Niemand hat es wirklich mitbekommen, denn sie begeisterte uns weiterhin mit ihrer warmherzigen Gastfreundschaft. War sie einfach nur besonders gut darin, eine starke Fassade nach außen zu wahren? Nein. Sie hatten noch Schulden vom Ausbau der Küche. Ihr Mann war weg und sie musste nun auch noch einen Koch bezahlen. Unterhalt gab es keinen, denn ihr Ex war einfach abgetaucht. Auf einmal war sie alleinerziehende Mutter mit einem Betrieb, dessen Kosten ihr über den Kopf zu wachsen drohten.

Aber sie hatte den Freundeskreis, von dem ich rede. Freunde, die einsprangen, um in der Küche und im Betrieb zu helfen. Ihr mit der Kinderbetreuung unter die Arme griffen. Weil es eben nicht nur Fassade war, blieb sie ruhig und zuversichtlich. Gab sich selbst ausreichend Zeit, die richtige Unterstützung für ihr Lokal zu finden. Der neue Koch und auch ein Kellner, der sie inzwischen im täglichen Betrieb unterstützt, passten wirklich zu ihr und ihrem Restaurant. Sie repräsentieren das, was die Gäste schon immer angezogen hat.

Hatte sie darum nur gute Zeiten? Nein, natürlich nicht. Ich weiß, dass es viele Tage gab, an denen auch sie verzweifelt war. Verlassen zu werden ist immer ein harter Schlag, unabhängig von den wirtschaftlichen Folgen. Aber sie war nicht alleine. Sie hatte die richtigen Menschen um sich herum, bei denen sie ihre Schwäche, ihre Wut und ihre Verzweiflung abladen konnte. Aber ihr Optimismus und der Glaube an die Zukunft halfen ihr dabei, das eben nur als Krise, als Herausforderung zu sehen, die sie bewältigen konnte. Und nicht als das Ende all ihrer Träume.

Du kannst das auch schaffen. Mit einem soliden Fundament an positiver, innerer Überzeugung wirst du ganz schnell merken, dass dir auf einmal immer mehr Gutes widerfährt. Im Prinzip ist es das, was die Inder unter Karma verstehen oder manche auch als „Gesetz der Anziehung" bezeichnen. Wenn du eine positive Einstellung zum Leben verinnerlicht hast. Wenn du dankbar bist für das, was du bereits hast. Wenn du dir auch für kleine Erfolge selbst auf die Schulter klopfen kannst, dann werden solche Momente ganz automatisch mehr werden in deinem Leben.

Und noch etwas wird geschehen: Das Umfeld, bei dem du gar keine Wahl hast, wird sich auf einmal ebenfalls verändern. Ich rede von Vorgesetzten, Kollegen, Nachbarn und all jenen

Menschen, mit denen du dich einfach abgeben musst, ob du nun willst oder nicht.

Eine positive, optimistische, ruhig-selbstbewusste Art steckt an. So wie du selbst solche Menschen sympathischer findest, geht es umgekehrt deinem Umfeld mit dir, wenn du dich entsprechend veränderst. Das fängt damit an, dass du dich in einer schwierigen Situation in der Firma, wenn dein Chef dich vielleicht vor versammelter Mannschaft angepflaumt hat, nicht beleidigt zurückziehst, sondern ihn in einer ruhigen Minute darauf ansprichst. So ein Verhalten schafft Vertrauen und auf einmal bekommst du die Beförderung, die du dir schon lange erhofft hattest. Kollegen werden sich dir öffnen, weil du bei Konflikten ruhig bleibst und lösungsorientiert bist. Das ist keine Magie, sondern hängt einfach damit zusammen, wie wir Menschen aufeinander reagieren. Aber es fängt eben mit dir selbst an.

Stelle dir Folgendes vor: Dir ist kalt und du möchtest, dass dir warm wird. Du ziehst warme Klamotten an, trinkst heißen Tee, rennst auf der Stelle. Das wird dir kurzfristig Erleichterung bringen. Aber solange du dich im Eisschrank befindest, wirst du auf Dauer verlieren.

Umgib dich mit den Menschen, die das leben und ausstrahlen, was du gerne möchtest. Und du wirst merken, dass es auf einmal gar nicht mehr so schwer ist, wenn du nicht mehr gegen extreme Gegenpositionen ankämpfen musst.

Ich kann mich nur wiederholen. Wir Menschen sind soziale Wesen. Wir brauchen einander, aber wir lernen auch voneinander. Auf Englisch nennt man eine Gruppe von Menschen, die zusammengehören, „Tribe". Dasselbe Wort bezeichnet auch einen Stamm im völkerkundlichen Sinn, aber hier ist gemeint, dass jeder Mensch die Wahl hat.

DIE MACHT DER GEWOHNHEIT

„Es ist nicht wichtig, was dir passiert. Es ist die Art und Weise, wie du damit umgehst, die den Unterschied macht."

— ZIG ZIGLAR

---

*D*u fragst dich jetzt vielleicht, was das Zitat mit Gewohnheit zu tun haben soll. Auf den ersten Blick geht es doch um ganz unterschiedliche Dinge - einmal die Macht der Gewohnheit und zum anderen die innere Einstellung.

Habe etwas Geduld und lass es mich hier ein wenig ausführen.

Ähnlich wie bei der Tatsache, dass wir eher dazu neigen, das Schlechte und Gefährliche einer Situation zu sehen, hat die Evolution dafür gesorgt, dass wir unsere täglichen Rituale und Routinen erledigen können, ohne wirklich darüber nachdenken zu müssen. Oder überlegst du dir noch, wo die Zahnpasta-Tube steht, wie die Kaffeemaschine funktioniert oder welchen Weg du ins Büro nimmst? Der Mensch ist ein Gewohnheitstier, dieser Spruch stimmt absolut.

URSPRUNG DER GEWOHNHEIT?

Auch hier gilt: Dass wir Dinge, die wir regelmäßig tun, unserem inneren Autopiloten überlassen, dient unserem Schutz. Denn dadurch werden wichtige Kapazitäten im Oberstübchen frei, die wir fürs Überleben brauchen. Oder eben dafür, unser Leben glücklicher zu machen. Dinge, die unser Bewusstsein als „sicher" eingestuft hat, weil wir sie dauernd auf dieselbe Art tun und dabei noch nie etwas passiert ist, wird sozusagen ins Unterbewusstsein abgeschoben. Da Energie rar ist und effizient genutzt werden muss, sorgt unser Bewusstsein aktiv dafür, Muster zu erkennen und, wo möglich, zu automatisieren. Das Gehirn ist nämlich ein echter Energiefresser. Ich habe es bereits erwähnt: Auch ohne besondere Anstrengungen ist es für gut ein Viertel unseres Kalorienverbrauchs am Tag zuständig. Wenn man das so betrachtet, bekommt der Begriff „Gehirnjogging" eine ganz neue Bedeutung.

Aber was ist das eigentlich, eine „Gewohnheit"? Geht es dabei nur um einfache Alltagsroutinen? Mitnichten! Die meisten denken bei „Gewohnheit" ans Rauchen, an den Weg, den man üblicherweise ins Büro nimmt, die häuslichen Routinen oder die Abfolge der Übungen im Fitness-Studio. Aber das geht viel tiefer. Ob du morgens lang schläfst oder nicht, ob du lieber Bier oder Wein trinkst, ob du regelmäßig Sport treibst oder lieber auf der Couch abhängst - die meisten würden hier sagen, dass das Fragen der Persönlichkeit sind, die nichts mit Gewohnheiten zu tun haben. Aber das stimmt so nicht ganz.

Denke zum Beispiel einmal an das Thema Beziehungen. Ich bin sicher, du hast schon gelesen, dass viele Menschen immer wieder denselben Beziehungsmustern folgen. Hast du auch so einen

Freund oder eine Freundin, der/die sich immer wieder in denselben Typ verliebt und dabei auf die Nase fällt? Ja, auch das ist eine Gewohnheit. Das hat weder etwas mit Pech noch mit Persönlichkeit zu tun. Zumindest nicht mit einem Verständnis von Persönlichkeit, das davon ausgeht, dass wir „eben so sind" und uns nicht verändern können.

Hinter all den oben genannten Entscheidungen, ob für eine bestimmte Art von Partner oder auch für eine bestimmte Lebensweise, steckt eine Sequenz, ein Prozess, den unser Gehirn so gelernt und als „richtig" abgespeichert hat. Unsere Beziehungsmuster gehen in der Regel bis in die früheste Kindheit zurück. Es ist ziemlich wahrscheinlich, dass die oben erwähnten Freunde aus ähnlichen Familien stammen, dass ihre Eltern ihnen ähnliche Muster vorgelebt haben. Wir übernehmen diese Muster, denn das Elternhaus ist so ziemlich der wichtigste Orientierungspunkt im Leben eines Menschen. Hier bekommen wir Nestwärme, ein Gefühl von Sicherheit. Lernen, wie die Welt funktioniert. Werden gelobt, geliebt und gefüttert. Alles Dinge, die in unserem Gehirn zur Ausschüttung von Wohlfühl-Hormonen führen. Und damit zu der Botschaft: Das ist richtig, das ist gut für dich und das musst du auch weiterhin so machen.

Dabei entstehen aber auch Glaubenssätze, die gar nichts mit dem eigentlichen Auslöser zu tun haben. Elternliebe ist gleich Schutz, Liebe, Essen, Geborgenheit - das wäre richtig. Aber Eltern sind eben auch nur Menschen, die Fehler machen können. Die vielleicht eine schwierige Zeit durchlaufen, während die Kinder klein sind und dann eventuell ein „falsches" Beispiel vorleben.

Und daraufhin wird ein bestimmtes Verhaltensmuster abgespeichert, das langfristig unter Umständen weniger hilfreich ist. Ich rede da noch nicht einmal von einem schweren Trauma wie körperlicher Misshandlung oder schwerer Vernachlässigung.

Ich hatte tatsächlich ein Elternhaus, in dem ein gesundes Verständnis von Beziehungen gelebt wurde. Im Falle meiner Freundin aber war das anders. Ihre Eltern tauschten zum Beispiel nie Zärtlichkeiten aus. Nicht in der Öffentlichkeit, aber auch nicht zu Hause vor den Kindern. Nie wurde Händchen gehalten, nie gab es einen Kuss - oder auch nur ein neckisches Wort. Für meine Freundin war es früher offenbar unglaublich schwierig, sich in einer Beziehung zu öffnen. Nicht zu jeder Tageszeit emotional kontrolliert zu sein. „Verliebt sein" kannte sie durchaus. Das ist schließlich eine urmenschliche Verhaltensweise, die zum Erhalt der Spezies beiträgt, aber sie hatte gelernt, dass man das erstens nicht zeigen darf und es darauf in einer guten Partnerschaft auch nicht ankommen sollte.

Um es klar zu sagen: Solche erlernten Verhaltensweisen sind nicht einfach zu ändern. Aber sie KÖNNEN verändert werden. Voraussetzung ist, dass man sich des Umstandes bewusst wird, dass man die Wahl hat. Dass es auch anders geht, wenn man das selbst anders haben möchte.

Im Falle meiner Freundin war es ihre sehr ausgeprägte Fähigkeit zur Selbstreflexion, die sie hatte erkennen lassen, dass sie da offenbar ein Thema hatte. Lange bevor wir uns kennenlernten, hatte sie deswegen Therapie gemacht. Mit Erfolg, wie ich bestätigen kann.

WAS HABEN GEWOHNHEITEN MIT POSITIVEM DENKEN ZU TUN?

Alles! Denn auch die Tatsache, ob wir die Welt um uns herum eher positiv oder negativ wahrnehmen, ist eine erlernte Verhaltensweise und kann jederzeit geändert werden.

Das ist eine gute Nachricht, denn es bedeutet, dass du dir positives Denken so angewöhnen kannst, dass es dir zur zweiten

Natur wird. Dass du quasi wie auf Autopilot anfängst, prinzipiell die positive, optimistische Alternative von mehreren Sichtweisen zu wählen. Das geht natürlich nicht über Nacht. Es dauert eine Weile, bis aus einer angelernten eine regelmäßige Verhaltensweise wird - die dann vom Gehirn als „hilfreich" abgespeichert und automatisiert wird. Das gilt auch für alle „gesunden" Vorhaben, die wir von den Neujahrsvorsätzen kennen.

Wir nehmen uns vor, jeden Tag Obst zu essen oder mindestens drei Mal die Woche joggen zu gehen. Überhaupt wollen wir in diesem Jahr endlich die überflüssigen zehn Kilo abnehmen. Wir wollen das ja wirklich und fangen oft auch super motiviert an. Und dann bleiben wir doch wieder stecken, weil wir uns zu große Schritte, zu starke Veränderungen vorgenommen haben, die schwer als neue Routinen umzusetzen sind. Und sobald wir uns regelmäßig förmlich „zwingen" müssen, hebt sich die positive Energie aus den guten Routinen gegen die Last des inneren Widerstands auf. Willenskraft ist nämlich nachweislich nicht in unendlicher Menge vorhanden. Sie kann entgegen landläufiger Meinung auch nicht trainiert werden.

Willenskraft ist ein sehr, sehr begrenztes Gut und kostet viel Energie. Schon darum tut unser Unterbewusstsein alles, um uns Tätigkeiten, die davon zu viel verbrauchen, ganz schnell wieder auszureden. Wir merken das dann, wenn wir anstatt joggen zu gehen, lieber die Bügelwäsche erledigen. Letzteres gehört nun absolut nicht zu unseren Lieblingsbeschäftigungen, aber für unser Unterbewusstsein ist es weniger schlimm als die Runde Joggen, die wir uns vorgenommen haben. Das muss bei dir natürlich nicht so sein. Aber immer, wenn du bei dir einen Anfall von „Aufschieberitis" feststellst, bist du nicht zu schwach oder zu faul, sondern dein Unterbewusstsein ist dabei, deine Ressourcen zu schützen. Oder auch dich ganz allgemein. Denn auch die Angst, zu scheitern oder die Angst davor, allzu sichtbar zu sein, führt dazu, dass wir trotz aller Willenskraft manchmal einfach nicht den ersten Schritt schaffen.

Warum gibt es dann aber so viele Menschen, denen offenbar alles leicht fällt? Die sich ständig zu Höchstleistungen anpeitschen können? Wie macht das zum Beispiel ein Marathonläufer, der nebenher noch voll berufstätig ist? Nun, die meisten dieser Menschen arbeiten mental mit Motivationsansätzen, die aus der positiven Psychologie kommen. Anstelle sich mit aller Gewalt gegen innere Widerstände zu stemmen und damit vielleicht schon am frühen Morgen die Willenskraft für den ganzen Tag aufgebraucht zu haben, schaffen sie sich viel kleinere Hürden, die viel weniger „Alarm" im Gehirn auslösen. Sie reihen viele kleine Routinen aneinander, die leicht fallen, dadurch den inneren Schweinehund nicht wecken und verbinden sie mit Belohnungen. Sie setzen sich selbst nicht massiv unter Druck.

Wenn du noch nie einen Marathon gelaufen bist und auch nicht wirklich sportlich bist, solltest du überhaupt nicht über Endzeiten nachdenken. Schau nicht nach den vielen Menschen, die das in 3 Stunden und weniger schaffen. Diese Vergleiche schaffen Stress und sorgen dafür, dass die Belohnung im Gehirn für eine gute Leistung geringer ausfällt: Statt stolz zu sein, dass du deinen geplanten Lauf gemacht hast, bist du enttäuscht, weil du (gefühlt) zu langsam warst. Der Druck wächst, die Menge an Stresshormonen im Blut auch und ganz schnell treibst du dich nur mit reiner Willenskraft überhaupt noch ans Laufen. Du kannst sicher sein: Auf diese Weise wirst du den Marathon niemals absolvieren.

Was wir bei erfolgreichen Menschen übersehen, die etwas Großes geschafft haben, sind die vielen Tausend Stunden an Training - und auch die vielen Fehlschläge auf dem Weg zum Ziel. Michael Jordan (einer der erfolgreichsten Basketballstars der USA) hat in einem Interview gesagt, dass er 3000 mal daneben getroffen hat, bevor er wirklich anfing, Körbe zuverlässig aus allen Richtungen werfen zu können. Und er hat viele Dutzend Mal den entscheidenden Wurf eines Spiels vergeigt. Und doch steht er heute in der ewigen Bestenliste ganz oben. Hat er einfach nur mehr Willenskraft?

Nein, er hat sich der Stärke unseres Gehirns bedient, alles zu Gewohnheiten zu machen, das uns zumindest eine kleine Belohnung verspricht, dem Organismus gut tut und nicht gefährlich wirkt. Hätte er sich vorgenommen, beim Training mindestens hundert perfekte Würfe hintereinander zu schaffen, wäre er enttäuscht gewesen. Wenn er sich aber vornimmt, jeden Tag hundert Körbe zu werfen, wird er das schaffen und ganz automatisch immer besser werden.

Nun weiß ich natürlich nur, was er selbst in Interviews zu seinem Training gesagt hat und vielleicht war das alles auch ganz anders. Bei vielen Sportlern seiner Generation spielte auch die Aussicht auf sozialen Aufstieg durch sportlichen Erfolg eine motivierende Rolle. Vielleicht war Basketball für ihn die „Bügelwäsche", die er machte, um sich nicht mit Mathematik und Physik beschäftigen zu müssen.

Dennoch haben Wissenschaftler der Universität Zürich bei ihm und anderen erfolgreichen Athleten einige Gemeinsamkeiten festgestellt, die sich gut in unser ganz normales Leben übertragen lassen:

IN 4 KINDERLEICHTEN SCHRITTEN ZUR GEWOHNHEIT

1. Suche dir ein Ziel, das dich wirklich motiviert

Das kann durchaus ein Marathon sein, wenn dich das wirklich innerlich anspricht. Eine Freundin von mir will unbedingt einen

Krimi schreiben. Ein anderer Freund will Gitarre spielen lernen, was ein alter Lebenstraum von ihm ist. Doch beide sind lange nicht voran gekommen. Die Freundin hatte einen sehr ambitionierten Zeitplan und hatte sich vorgenommen, am Tag 2000 bis 3000 Worte zu schreiben. Die wenigsten erfahrenen Autoren schaffen das übrigens. Am Ende kam sie nur noch gelegentlich und allenfalls am Wochenende auf diese Zahl. Sie war schon kurz davor aufzugeben. Mein Freund mit der Gitarre hatte sich gleich ein wirklich schwieriges Stück zum Üben ausgesucht. Auch er war kurz davor aufzugeben. Und dann stießen sie auf die Empfehlung der Wissenschaftler aus Zürich - diese sagen:

2. Fang in kleinen Schritten an

Du hast Angst, dass du dann nie ans Ziel kommst? Dann rechne einmal folgendes durch. Ein durchschnittlicher Roman hat 50 000 Worte. Wenn du davon nur ein Prozent am Tag schreibst - das sind 500 Worte - bist du in etwas mehr als 3 Monaten fertig. 500 Worte sind in 15 Minuten zu schaffen - vielleicht auch in einer halben Stunde. Aber das bekommt man unter. Meine Bekannte hat das gemacht. Sie war jeden Tag stolz darauf, dranzubleiben. Denn sie sah das Werk wachsen. Sie war nie so frustriert, dass sie keine Lust mehr hatte und bemerkte nach dem ersten Monat, dass sie sich morgens, ohne groß darüber nachzudenken, einfach so ans Schreiben setzte. Wichtig war jedoch, dass sie sich nicht hinreißen ließ, doch länger dran zu bleiben und das Ganze beschleunigen zu wollen. Sie musste mit dem Gefühl aufhören, dass sie leicht noch mehr hätte tun können. Denn dann freute sie sich schon auf die Fortsetzung am nächsten Tag. Mein Freund mit der Gitarre nahm sich vor, eine Woche lang, jeden Tag, zehn Minuten lang zwei einfache Akkorde greifen zu lernen. Nach der ersten Woche nahm er einen Akkord dazu. Nach der zweiten Woche einen vierten. Und so weiter. Es gibt vielleicht effizientere Methoden - bei ihm hat es geholfen.

Denn zehn Minuten am Tag schafften auch seine untrainierten Fingerkuppen. Er merkte, dass er fast von alleine besser wurde und konnte jeden Tag mit einem kleinen Erfolgserlebnis abschließen. Damit freute er sich immer auf die nächste Runde, die Motivation bleib und der Vorrat an Willenskraft blieb unangetastet. Irgendwann, nach ein paar Wochen, konnte er die ersten Stücke spielen. Und dann wurde die Übungszeit automatisch länger - es fühlte sich nicht mehr nach Training an, sondern war ein Hobby geworden.

3. Belohnungen schaffen

Das ist ebenfalls wichtig. Wenn die Belohnung nicht aus der Tätigkeit selbst kommt (Musik spielen zu können, seinen Roman wachsen zu sehen und so weiter), ist es wichtig, die Tätigkeit an etwas zu koppeln, auf das man sich freut. Ich koche sehr gerne und habe darum meine Trainingsläufe auf die Zeit vor dem Mittag- oder Abendessen gelegt. Nach meinem Unfall hatte ich noch lange mit Lähmungen zu kämpfen und so war schon ein einfacher Spaziergang für mich eine große Herausforderung. Ich war am Anfang schon nach einer kurzen Runde um den Block völlig erschlagen. Aber ich wollte unbedingt wieder gesund werden (Motivation). Ich ging aber nur so weit, dass es zwar anstrengend war, ich aber das Gefühl hatte, noch ein gutes Stück mehr machen zu können (Kleine Schritte). Und ich wusste, dass ich danach Zeit haben würde, mir etwas Schönes zu kochen, was für mich persönlich wirklich eine echte Belohnung ist. Wohlgemerkt: nicht das Essen an sich, obwohl ich das auch genieße, sondern der Akt des Kochens, der eine echte Leidenschaft für mich geworden ist.

4. *Last but not least: Für Störungen vorsorgen*

Warum? Weil wir gerade am Anfang viel zu schnell dabei sind, uns von unerwarteten Ereignissen ablenken zu lassen. Einmal einen Lauf oder eine Übungssitzung ausfallen lassen - und schon sind wir aus dem Tritt. Wovon rede ich da konkret? Nun, stell dir am Abend vorher so konkret wie möglich vor, was und wie du deine neue Routine (zum Beispiel laufen gehen) durchführen möchtest. Bereite deine Trainingsklamotten vor und lege sie an eine gut sichtbare Stelle. Schau den Wetterbericht an und bereite in Gedanken ein Alternativprogramm vor, wenn es regnen sollte. Hast du Zugriff auf ein Laufband? Oder einen Heimtrainer? Willst du stattdessen eine Runde Zumba machen, wenn es gar nicht draußen geht? Oder kennst du eine Strecke durch den Wald, die halbwegs wettergeschützt ist? Wichtig ist, dass du dir die Alternativen klar gemacht hast, bevor sie eintreten und bevor dein Lauf fällig wird.

DIE PRAXIS DER POSITIVEN GEWOHNHEIT

Soviel zur allgemeinen Motivationstheorie. Aber wie soll das nun mit dem positiven Denken funktionieren? Genau so, indem du dir nämlich jeden Tag aktiv Momente voller positiver Erfahrungen schaffst. Ich sage bewusst nicht: Momente, in denen du positiv denkst. Denn das geht wirklich nur bedingt und wäre auch recht oberflächlich. Wichtig ist die Verbindung von etwas, das du aktiv tust, mit dem Gefühl eines positiven Erlebnisses. Also etwas zu tun, bei dem du dich gut und optimistisch fühlst. In der Folge habe ich ein paar Beispiele aufgelistet:

Meditation

Es ist mittlerweile medizinisch bewiesen, dass Meditation das Wohlbefinden steigert, Stresshormone abbaut und sich positiv auf Herz-Kreislauf-Beschwerden auswirkt. Und dabei ist es unglaublich leicht umzusetzen. Es reichen wenige Minuten am Tag. Wichtig ist allerdings, dass du es jeden Tag, idealerweise zur selben Zeit tust. Dein Gehirn wird registrieren, dass hier „etwas Neues" kommt, es wird registrieren, dass es dir wirklich gut tut (das musst du gar nicht denken, die positive Wirkung auf deinen Organismus ist so spürbar, dass dein Unterbewusstsein das sehr schnell als „hilfreich" im Sinne der Lebenserhaltung registriert). Um zu meditieren, musst du dich einfach nur aufrecht hinsetzen. Das kann auch auf einem Stuhl sein, nicht unbedingt im sogenannten Lotussitz, der für die meisten von uns vermutlich zu unbequem wäre. Zumindest am Anfang. Suche dir einen Ort, an dem du eine Weile wirklich ungestört sein kannst, und schließe die Augen. Und dann atme einfach nur ganz tief ein und aus - beim Einatmen zählst du langsam auf sieben, beim Ausatmen in derselben Geschwindigkeit auf elf. Konzentriere dich auf den Atem. Wenn deine Gedanken anfangen, sich zu drehen und dich abzulenken, dann nimm sie kurz aktiv wahr. Das ist so, als würdest du eine Ware im Schaufenster beobachten. Dann „schicke" sie wieder weg. Ich habe mir dabei vorgestellt, dass sie Briefe sind, die mir versehentlich zugestellt wurden und die ich entsprechend weiterleite.

Fange mit ein oder zwei Minuten an, aber eben wirklich jeden Tag, und dann steigere dich langsam. Die Betonung liegt auf „langsam". Es ist wichtig, dich nicht gleich zu überfordern, denn schon zwei Minuten können lang sein, wenn uns sorgenvolle Gedanken quälen wollen.

Dankbarkeit

Es gibt kaum ein schöneres, positiveres Gefühl als Dankbarkeit. Probiere es aus!

STUFE 1 - Für den Anfang, starte jeden Tag mit einem kurzen Dankbarkeits-Countdown. Schau dich um und überlege dir zehn Dinge in deinem Leben, für die du dankbar bist. Das dauert zwei Minuten, maximal. Du musst gar nichts aufschreiben. Und es ist auch nicht wichtig, jeden Tag neue Dinge zu finden. Setze dich hier nicht unnötig unter Druck. Du wirst schnell merken, wie es dir von Tag zu Tag leichter fällt, auf zehn Dinge zu kommen, für die du dankbar bist. Und sie werden komplexer werden. Damit meine ich, dass du auf weniger offensichtliche Dinge ebenfalls aufmerksam wirst.

STUFE 2 - Wenn du merkst, dass du fast schon auf Autopilot morgens nach dem Aufstehen den Dankbarkeits-Countdown „herunterleierst", dann kannst du die Zahl reduzieren, solltest dabei aber die Schwierigkeit erhöhen. Nimm zum Beispiel nur noch drei Dinge jeden Tag, die aber:

- Immer neu sein müssen (keine Wiederholung der vergangenen Tage).
- Eines davon sollte etwas sein, das du bisher für selbstverständlich erachtet hast (zum Beispiel: dass du bei uns einfach so Leitungswasser trinken kannst und es genug davon gibt).
- Eines davon sollte dich zum Nachdenken anregen (zum Beispiel: wie gut es ist, dass wir als Menschen uns aktiv mit unserem Bewusstsein auseinandersetzen und es beeinflussen können).
- Und das Letzte sollte etwas sein, das auf den ersten Blick negativ wirkt. In allem, das uns passiert, gibt es aber immer auch einen guten, positiven, hilfreichen Kern. Hier musst du sicherlich zumindest am Anfang etwas länger nachdenken, aber dieser Teil ist besonders wertvoll! Er trainiert deinem Bewusstsein nämlich ein wenig die Schwarzseherei ab.

Auf dieser Stufe ist es hilfreich, wenn du anfängst, deine drei Dinge, für die du dankbar bist, aufzuschreiben. Manche empfehlen, das gleich morgens zu machen. Manche empfehlen, es abends, kurz vor dem Einschlafen zu tun. Ich habe beides probiert und fand beides gleich hilfreich. Wenn ich es morgens mache, dann setzt es gleich einen positiven Ton für den Tag und ich bin generell offener und dankbarer unterwegs. Wenn ich es abends vor dem Schlafengehen mache, konnte ich leichter einschlafen und hatte meistens schönere Träume. Und ich bilde mir ein, dass ich dann auch besser gelaunt aufgewacht bin.

Was aber immer passiert, ist, dass du auf einmal viel mehr Dinge siehst, die positiv in deinem Leben sind. Dein Unterbewusstsein lernt, positive Dinge zu erkennen und macht dich darauf aufmerksam. Unterbewusst entsteht so der Eindruck, dass du von großartigen Gelegenheiten und Glück umgeben ist - du wirst zum gewohnheitsmäßigen Optimisten.

Wie du das aufschreibst, ist eigentlich egal. Ich habe mir eine große Kiste gekauft. So eine, die aussieht wie eine antike Schatzkiste. Und die 3 Dinge jeden Tag auf einen bunten Zettel geschrieben und in die Kiste gesteckt. Und immer, wenn ich einmal etwas bedrückt bin oder mir der Himmel ein wenig auf den Kopf fallen will, bringe ich die Kiste hervor und lese wahllos die Zettel, die ich über die Jahre da hinein gesteckt habe. Glaube mir, das hilft immer! Meine Freundin hat es so gemacht: Sie sammelt Steine, reinigt sie, lackiert sie und schreibt dann ihre Gedanken darauf. Inzwischen hat sie ein riesiges Glas voller bunter beschrifteter Dankbarkeitssteine. Deiner Fantasie sind keine Grenzen gesetzt - aber fange wirklich so einfach wie möglich an. Viel wichtiger als buntes Papier, Schatzkisten oder Kieselsteine, ist es, dass du es jeden Tag zur ungefähr gleichen Zeit machst. Es geht schließlich um das Thema Gewohnheit!

Wenn du sofort starten möchtest und keine Lust hast, dir deine eigene antike Kiste zu kaufen, kannst du dir, exklusiv als Leser dieses Buches, dein eigenes kostenloses Dankbarkeitstagebuch herunterladen. Den Link hierzu findest du sowohl am Anfang als auch gegen Ende deines Exemplars.

Bewege dich

Körperliche Betätigung hat nachweislich eine starke antidepressive Wirkung. Selbst wenn du keine Depression hast: Bewegung verjagt negative Gedanken und schlechte Stimmungen. Dabei ist es gar nicht wichtig, viel zu tun. Eine Viertelstunde am Tag ist schon genug und mehr würde ich dir auch nicht empfehlen. Wie gesagt, es geht darum, neue Gewohnheiten zu schaffen, nicht gleich einen Marathon zu laufen. Wenn du bisher gar nicht körperlich aktiv warst, fange wirklich mit einem Spaziergang um den Block an. Zum Beispiel abends, nach dem Abendessen. Wenn du schon mehr kannst, versuche bei der Runde um den Block wechselweise zu laufen und zu gehen. So, dass es leicht anstrengend ist, aber eben nur so, dass du es täglich schaffen kannst. Sowohl was die Länge als auch die Intensität betrifft. Und steigere dich nur ganz, ganz langsam. Wenn du die ersten Wochen täglich deine zehn Minuten um den Block gedreht hast, wirst du auf einmal merken, dass du Lust auf mehr bekommst. Einen extra Schlenker. Eine zweite Runde. Du willst die Runde etwas schneller gehen. Oder mehr schaffen in den zehn Minuten. Dann vielleicht einen Teil langsam joggen. Wie gesagt, horche in dich hinein und steigere die Dauer oder Intensität nur in einem Rahmen, der sich nicht nach Last und Mühe anfühlt. Wenn es doch einmal so sein sollte, dann reduziere einfach wieder. Das ist völlig OK. Der einzige, wirklich wichtige Punkt ist, dass du täglich antrittst. Und wenn es einmal wirklich nur 5 Minuten sind. Durch die Regelmäßigkeit schaffst du eine neue Routine. Dadurch, dass du das auch an schwierigen Tagen machst, schaffst du das Gefühl, etwas geleistet zu haben. Das belohnt dein Gehirn mit der Ausschüttung von Wohlfühlhormonen wie Serotonin und Dopamin.

Um körperlich wirklich fit zu werden, musst du natürlich mehr machen. Aber es ist tatsächlich in zahlreichen Studien bewiesen, dass für das geistige Wohlbefinden, also eine positive Grundeinstellung, eine Viertelstunde Bewegung am Tag reicht. Und die muss noch nicht einmal zusammenhängend sein!

Wenn du den Effekt noch steigern möchtest, so spiele während deiner Runde kleine Achtsamkeit-Spiele. Zähle zum Beispiel die Zahl der offenen Fenster auf deiner Runde. Konzentriere dich darauf, wie sich der Untergrund unter deinen Schuhen anfühlt. Höre, ob du verschiedene Vogelstimmen unterscheiden kannst (wenn es in deiner Nachbarschaft keine Vögel gibt, kannst du auch versuchen Automotoren zu unterscheiden). Oder Farben - wie viele rote, blaue, gelbe… Gegenstände siehst du unterwegs? Was sich wie ein Kinderspiel anhört, ist tatsächlich eine therapeutische Methode. Ganz grob formuliert kommen Depressionen von einem zu starken Fokus auf die Vergangenheit und das Sorgenkarussell von einem übertriebenen Fokus auf die Zukunft. Das ist natürlich sehr vereinfacht und plakativ ausgedrückt, dessen bin ich mir bewusst. Aber es zeigt eben, worauf es beim positiven Denken ankommt: Sich den einzigen Moment bewusst zu machen, den man tatsächlich beeinflussen kann. Und das ist nur das Hier und Jetzt. Durch die Übung zwingst du dein Bewusstsein, im Hier und Jetzt zu bleiben. Das Gedankenkarussell mit quälenden Sorgen oder das schlechte Gewissen über etwas, das du vielleicht im Streit gesagt hast, bleiben zu Hause. Dadurch verbindet dein Unterbewusstsein diese Spaziergänge oder kleinen Laufeinheiten zusätzlich mit „Erholung" und positiven Gefühlen. Wodurch du ganz unbewusst anfangen wirst, dich jeden Tag darauf zu freuen. Und du wirst sehen - ganz von

alleine wird daraus eine tägliche Lauf- oder Radrunde, die dann
sogar wirklich körperlich etwas bringt.

Tue etwas Gutes

Serotonin und Dopamin sind als Hormone bekannt, die ein
Wohlgefühl in uns auslösen. Meistens werden sie ausgeschüttet,
wenn wir uns körperlich intensiver bewegen, wenn wir dankbar
für etwas sind oder uns über etwas Schönes freuen. Und dann ist
da noch Oxytocin, das ich bereits früher kurz erwähnt hatte, aber
hier noch einmal etwas detaillierter vorstellen möchte. Oxytocin
wird dann ausgeschüttet, wenn wir als Menschen ein positives
Erlebnis in einer Gemeinschaft haben. Es sorgt dafür, dass wir
uns in Gesellschaft anderer Menschen wohlfühlen. Und von
anderen Menschen auch in die Gemeinschaft aufgenommen
werden. Da wir entwicklungshistorisch darauf angewiesen
waren, im Schutz einer Gemeinschaft zu leben, haben wir besondere Fähigkeiten entwickelt, mit anderen Menschen klarzukom-
men. Konflikte friedlich lösen zu können, Freunde zu finden und
zu behalten - und das passende Gegenstück zu uns zu finden,
damit die Spezies erhalten bliebt. Das ist ein ganz natürlicher,
biochemischer Prozess und so betrachtet wenig romantisch.
Dennoch können wir das auch aktiv nutzen. Wenn wir nämlich
„down" sind und in unserem Umfeld überhaupt niemand auf die
Idee zu kommen scheint, dass wir gerade eine Portion Wohlfühl-
hormone brauchen könnten, dann hilft es uns auch, wenn wir
selbst aktiv werden.

Dazu musst du weder viel Geld spenden oder gleich dem Kata-
strophenschutz beitreten. Kleine Gesten reichen schon. Lächle
zum Beispiel die Kassiererin im Supermarkt freundlich an und
grüße sie, während du deine Sachen auf das Band legst. Oder
nimm dir vor, jeden Tag einem deiner Freunde etwas Nettes zu
sagen, eine positive Botschaft zu schicken oder einfach nur nach-
zufragen, wie es ihm oder ihr geht. Zwei Minuten am Tag

reichen. Und dann wird zweierlei passieren: Du selbst wirst das ganz schnell so genießen, dass du auch über den Tag verteilt nach Möglichkeiten suchst, Komplimente zu verteilen, Menschen freundlich zu begegnen oder einem lieben Menschen sonst wie eine kleine Freude zu machen. Wichtig ist natürlich, dass du es ernst meinst. Ein Kompliment, dass du dir schwer abringen musst, weil du die Person überhaupt nicht leiden kannst, bringt nichts. Bleib also authentisch dabei! Wenn du das tust, wird, wie bei einem emotionalen Kettenbrief, mehr davon auch dir passieren. Die Menschen um dich herum werden dich als positiv und bestärkend wahrnehmen und dir das ganz unbewusst zurückgeben. Ohne, dass du viel tun musst, werden deine Beziehungen besser und auch dein eigenes Selbstwertgefühl bekommt einen Boost.

Wenn du nur die vier angesprochenen Routinen einführst, bist du mit weniger als einer halben Stunde über den Tag verteilt dabei. Das ist nicht viel - das hat jeder übrig. Aber du wirst sehr schnell merken, dass der gefühlte Nutzen viel größer ist. Denn was du tatsächlich tust, ist dein Unterbewusstsein auf positive Signale zu trainieren und daraus eine Routine zu formen. Und die läuft nach wenigen Wochen quasi von alleine. Immer, zumindest solange du wach bist.

Das hilft auch dann, wenn statt des üblichen Stresses eine richtige Katastrophe passiert, die dich an deine psychischen und emotionalen Grenzen bringt. Wie du in Zeiten von schweren Krisen trotzdem positiv reagierst, darum soll es im nächsten Kapitel gehen.

KRISENMANAGEMENT – WEGE AUS DER REAKTIVITÄT

„Zwischen Reiz und Reaktion gibt es einen Raum. In diesem Raum haben wir die Freiheit und die Macht, unsere Reaktion zu wählen."

— VIKTOR FRANKL

*J*ch bin ziemlich sicher, dass du in dem Moment, als du das Zitat gelesen hast, eine ganz konkrete Situation vor Augen hattest, in der genau das nicht passiert ist: dass du die Pause zwischen Ereignis und Reaktion genutzt hast, um dir Gedanken über deine Optionen zu machen. Stattdessen hast du vermutlich sofort zurückgeschossen oder sonst auf eine Art reagiert, die dir spätestens am Tag darauf leidgetan hat.

Dabei ist es rational absolut nachvollziehbar, was Viktor Frankl gesagt hat. Wir WISSEN, dass es diesen Moment gibt. Diesen Moment, in dem wir registrieren, wie der Ärger über eine Situation in uns aufsteigt und uns die entsprechende Entgegnung auf der Zunge liegt. Bereit, sofort losgelassen zu werden. In der Erinnerung wissen wir immer sehr genau, wann wir die Entscheidung getroffen haben, zurückzuschießen. Das ist genau der Moment, in dem wir uns immer auch anders entscheiden könnten - auch wenn sich das möglicherweise nicht so anfühlt.

EIN STABILES FUNDAMENT

Ein Fundament, das Löcher und Risse hat, wird unter Druck nachgeben, egal, wie viel Mühe wir in die Innenraumgestaltung und die Fassade gesteckt haben. Es ist schon nicht leicht, sich unter normalen Umständen daran zu erinnern, dass wir die Wahl der inneren Einstellung zu jeder Zeit haben. Auch ohne große Krisen müssen wir an uns arbeiten, um eher das Gute an einer Situation zu erkennen. Aber es ist noch immer ungleich viel leichter als zu Beginn oder mitten in einer Krise. Dann wird es richtig schwer, diesen Schritt zurück zu machen und sich selbst zu fragen: „Hoppla, was passiert denn hier gerade? Ist das wirklich so schlimm? Kann man das nicht auch anders sehen?" Ganz schwierig wird das dann, wenn eine solche Krise ganz plötzlich über einen hereinbricht. Man sich ohne Möglichkeit zu wehren, plötzlich in dramatisch veränderten Lebensumständen wiederfindet. Wie ich, als ich aus dem Koma aufgewacht bin und erfahren musste, dass meine Frau tot war. Und ich nicht mehr richtig gehen konnte.

Die Fähigkeit, unter dem Druck einer solchen schweren persönlichen Krise die innere Balance zu halten und sich emotional und mental sehr schnell wieder davon zu erholen, nennt man Resilienz. Die gute Nachricht ist: Resilienz kann man lernen und sie hat vor allem mit einer positiven, inneren Einstellung zu tun. Eine schlechte Nachricht gibt es allerdings auch: Das braucht etwas Übung. Und man sollte nicht erst damit anfangen, wenn die Krise schon ausgebrochen ist. Je früher du an dir arbeitest und deine Muster kennenlernst, desto leichter fällt es dir, dich gar nicht erst so tief ins Loch fallen zu lassen, wenn einmal doch die ganze Welt um dich zusammenbricht.

Situationen, die uns Angst machen, gibt es viele. Jeder von uns hat etwas, das in ihm Beklemmung auslöst. Situationen, die er oder sie lieber vermeiden würde. Eine meiner Töchter hat fürchterliche Angst vor Spinnen, obwohl der Rest der Familie den Tierchen gegenüber recht entspannt eingestellt ist. Ich kann mich auch nicht daran erinnern, dass sie in ihrer Kindheit einmal eine schlimme Erfahrung mit Spinnen gemacht hätte. Dennoch ist diese Angst da. So ist jeder Gang in den Keller für sie eine Übung in Selbstüberwindung, während der Rest der Familie überhaupt nicht weiter darüber nachdenkt.

Nun sind Phobien (wie die Spinnenangst) nicht einfach nur durch positives Denken in den Griff zu bekommen. Genauso wenig hilft es, meiner Tochter ein Buch über Spinnen zu schenken, in denen ihr auf rationaler Ebene erklärt wird, wie nützlich und harmlos doch die heimischen Spinnenarten sind. Ängste passieren auf emotionaler Ebene und müssen auch dort angesprochen werden. Und das kann jeder Mensch nur selbst lösen, denn nur du weißt, welche Situation in dir potenziell Angst und Beklemmung auslösen kann. Bei echten Phobien wirst du das nur mit professioneller Hilfe in den Griff bekommen.

Im Fall meiner Tochter war es tatsächlich nicht ganz so schlimm. Sie fühlte sich nur etwas unwohl, bekam aber keine echten Panikattacken. Dennoch brauchte sie den Schritt, die Verbindung zwischen ihrer unbestimmten Furcht vor dem Keller mit ihrer Spinnenangst in Verbindung zu bringen, um ihren inneren Dialog entsprechend darauf auszurichten. Heute ist da nur noch ein latentes Unwohlsein, das sie nicht mehr stresst. Sie weiß, dass sie im Keller noch nie von einer Spinne angegriffen wurde. Sie weiß, dass sie vor dem Gang in den Keller die Wahl hat, sich die Räume dunkel und voll Spinnennetzen vorzustellen oder, was eher der Wirklichkeit entspricht, hell ausgeleuchtet und sauber.

Dennoch sind solche Dinge oftmals leichter gesagt, als getan. Dessen bin ich mir bewusst.

Hinter Dingen, die uns unbewusst Angst machen, liegt eine jahrelange Prägung. Als Kleinkinder haben wir uns am Vorbild unserer Eltern orientiert und ganz automatisch Verhaltensweisen (und damit auch Vermeidungsstrategien) von ihnen übernommen. Das passiert meist völlig ohne aktives Zutun der Eltern. Nach dem Fall der Twin Towers in New York haben Psychologen zum Beispiel einige hundert traumatisierte Opfer über zehn Jahre weiter begleitet. Einige davon waren Frauen, die während des Terroranschlags schwanger waren. Obwohl sie nie mit ihren Kindern über die Erfahrungen sprachen, zeigten diese schon sehr früh Angstverhalten in Treppenhäusern oder weinten, wenn sie Feuerwehrsirenen hörten. Wissenschaftler gehen inzwischen davon aus, dass man ein Trauma auch „erben" kann. Mehr noch: Dass ein schweres emotionales Trauma tatsächlich bis in die Enkel-Generation hinein physische Auswirkungen auf die Gesundheit haben kann. Wie Michael Skinner in seiner Arbeit als Biologe an der Washington State University in Pullman nachgewiesen hat.

Umso wichtiger ist es, dass wir uns nicht alleine auf unsere Erinnerung verlassen, oder glauben, dass nur schlimme (aktive) Erlebnisse zu Angst und Stress führen. Wir merken sofort, wenn wir in eine Vermeidungsreaktion gehen. Wenn wir uns vor einem Telefonanruf drücken, obwohl der vielleicht wirklich wichtig wäre. Oder andere Dinge aufschieben, die dringend erledigt werden müssten. Obwohl wir durch das Aufschieben und die

Vermeidung richtig Probleme bekommen, trauen wir uns oft trotzdem nicht ran.

Das sind die Momente, in denen wir ganz genau hinhören und hinschauen müssen. Das sind nämlich die „Risse" in unserem emotionalen Fundament, die unter echtem Druck so richtig nachgeben würden. Ziel ist hier jedoch nicht die perfekte Lösung für jede Krise im Leben zu finden, oder immer gerüstet zu sein für jede Eventualität. Nein, es geht um einen Ansatz, der uns hilft, in einer bedrohlichen Situation genug Zeit zwischen Anlass und unserer Reaktion zu schaffen, dass wir mental auf die Toolbox der positiven Gedanken zugreifen können. So etwas wie einen virtuellen Airbag, oder - noch besser - eine Art ABS, das uns kontrolliert eine Kollision verhindern lässt.

Und wieder komme ich auf meine zwei Grundsätze zurück:

- Wir haben IMMER die Wahl. Wir müssen uns in manchen Situationen nur sehr schnell daran erinnern.
- Nichts zu tun ist auch eine Entscheidung. In einer akuten Krisensituation vielleicht zunächst die beste.

WIE STELLST DU SICHER, DASS DU EIN STABILES FUNDAMENT ENTWICKELST?

Sicherheit gibt es natürlich nie, denn jeder von uns kann irgendwann in einer Situation landen, in der er oder sie nicht mehr weiter weiß. In der man das Gefühl hat, dass einem der Boden unter den Füßen wegbricht. In solchen Situationen ist es völlig in Ordnung, sich Hilfe zu holen. Eigentlich ist das immer in Ordnung. Mein Buch soll dich nicht dazu animieren, alles mit dir alleine auszumachen, ganz im Gegenteil. Echtes positives Denken hat viel mehr damit zu tun, dich selbst zu kennen und lernen zu akzeptieren, wie du wirklich bist. Mit all deinen Schwächen – eben auch den Rissen und Löchern im Fundament.

Die haben wir alle. Uns dessen bewusst zu werden und sie als Teil von uns zu akzeptieren, macht uns verwundbar. Aber aus dieser Verwundbarkeit entsteht echte Stärke.

Wenn du dagegen die Risse und Löcher einfach nur mit einem Teppich zudeckst, geht das zwar schneller und sieht auch hübsch aus, aber langfristig tust du dir damit keinen Gefallen.

Der erste Schritt für ein solides Fundament ist eine ehrliche Bestandsaufnahme. Damit meine ich nicht, dass du dich selbst unter Druck setzen sollst, ganz im Gegenteil. Geh achtsam und liebevoll mit dir selbst um. Die Narben auf unseren Seelen und die damit zusammenhängenden Schwächen haben wir nicht bestellt, aber sie sind nun einmal da. Es ist wichtig, sie zu kennen. Aber wir dürfen uns deswegen nicht heruntermachen.

Frage dich zum Einstieg, in welchen Situationen du besonders heftig reagierst? Gibt es wiederkehrende Muster? Lass dir Zeit mit der Übung. Mir hat geholfen, mir diese Frage jeden Morgen in meinem Tagebuch zu stellen. Ich bin im Geist den vorherigen Tag durchgegangen und habe entsprechende Beobachtungen notiert. Nicht bewertend, das ist wichtig. Ich habe einfach nur aufgeschrieben, was meiner Meinung nach passiert ist und wie ich reagiert habe.

Alleine diese Übung trainiert schon unser geistiges Auge darauf, bestimmte Situationen frühzeitig zu erkennen. Wir merken schneller, dass sich da etwas aufbaut, das emotional kritisch werden und uns zu einer Reaktion verleiten könnte, die wir eigentlich nicht wollen.

Wenn du ein paar Tage lang Beobachtungen gesammelt hast, dann gehe sie noch einmal durch. Erkennst du Muster? Gibt es Gemeinsamkeiten bei den Auslösern oder gibt es bei dir eine „normale" Reaktion, wenn dir etwas gegen den Strich geht.

Wenn du glaubst, etwas gefunden zu haben, dann frage dich auch, warum das für dich ein Problem ist. Sowohl was die auslösende Situation anbelangt, als auch deine eigene Reaktion darauf. Heftige Reaktionen, die wir dann später bereuen, haben immer eine emotionale Ursache. Darum können wir sie auch nicht „wegrationalisieren" oder mit Logik erklären. Wir müssen sie buchstäblich „erfühlen". Nun ist nicht jede emotionale Reaktion problematisch. Wenn du aggressiv angegangen wirst oder dich jemand finanziell über den Tisch ziehen möchte, ist eine schnelle und klare Reaktion durchaus richtig und wichtig. Es gibt Situationen, in denen Skepsis und Misstrauen angebracht sind.

Bist du dir jedoch sicher, dass hier keine solche Situation vorliegt, dann schreib dir alles auf, was dir zu den beobachteten Mustern einfällt. Auch, wo du welche Emotionen spürst. Ist es eher ein Knoten im Bauch? Der bekannte Kloß im Hals. Herzrasen? Fängst du an zu schwitzen und die Zähne zusammenzubeißen? All das sind Stress-Signale des Körpers, der damit auf die Gedanken in deinem Unterbewusstsein reagiert, die in dem Moment „Gefahr" suggeriert haben.

Nun ist das kein Buch über Stressbewältigung, zumindest nicht dezidiert. In erster Linie geht es darum, den meisten Situationen mit einer positiven inneren Einstellung zu begegnen. Und darum gehört noch ein dritter Teil zu der Übung dazu. Du hast Muster erkannt und du weißt, warum sowohl Muster als auch deine Reaktion problematisch sind. Und nun drehst du den Spieß um: Du überlegst dir Alternativen. Du suchst aktiv nach anderen Möglichkeiten, die Situation zu bewerten ODER darauf zu reagieren. Ein, zwei Alternativen reichen am Anfang. Du wirst sehen, je häufiger du das machst, desto mehr Möglichkeiten, die Situation positiver zu handhaben, fallen dir dann ein.

Ich mache das schon jahrelang und merke inzwischen schon sehr früh, wenn mein inneres Alarmsystem den Vulkan befeuert.

Doch ab und zu kommt doch etwas auf, das auch mich noch überrascht.

Mit Freunden war ich zum Bespiel kürzlich beim Essen. Wir kennen uns schon sehr lange und haben einige Höhen und Tiefen miteinander durchgestanden. Nun, mein Freund Erik erzählte gerade von seiner neuen Freundin und dass sie gemeinsam nach Norwegen ziehen wollen, als ich merkte, wie in mir das Gefühl von Dunkelheit und Tunnelblick aufkam.

Das hatte ich schon lange nicht mehr. Immer, wenn das früher passierte, habe ich mich nur Momente später wie ein völliger Idiot verhalten und Streit mit allen um mich herum angefangen.

Ich war in dem Moment fassungslos, da es für mich keinen ersichtlichen Grund gab, warum ich so emotional reagierte. Mir fiel auf die Schnelle nichts Besseres ein, als mich zu entschuldigen und ganz schnell auf die Toilette zu flüchten. Ich sah noch den erstaunten Blick meiner Freundin, die wohl spürte, dass etwas nicht stimmte. Auf der Toilette angekommen, schloss ich mich ein und schon kamen die Tränen.

Glaube mir, ich bin alles andere als nah am Wasser gebaut. Aber ab und zu gibt es Situationen, die mich emotional von hinten überfallen. Ich hätte das vermutlich auch einfach am Tisch unterdrücken können. Mich, wie man so schön sagt, „zusammenreißen". Aber dann könnte ich sicher sein, dass mich alles vielleicht zu einem noch unpassenderen Zeitpunkt wieder einholen würde.

Was also war los? Nun, meine verstorbene Frau und ich hatten immer von einem Urlaub in Norwegen geredet. Genauer gesagt hatte sie sich das gewünscht, aber ich hatte nie wirklich Lust gehabt. Zu teuer, zu weit weg, zu kalt. Ich wusste, wie wichtig es ihr gewesen wäre, aber mir war es nicht wichtig genug. Und nun war es zu spät. Die Geschichte von Erik hatte meine Schuldgefühle geweckt. Er war noch nicht lange mit seiner Freundin zusammen und doch erfüllte er ihr diesen Wunsch. Ich konnte das nicht mehr. Und hätte doch über die Jahre so viele Möglichkeiten gehabt.

Es war gut, dass ich mich kurz aus dem Gespräch herausgelöst hatte. Denn dies gab mir die Möglichkeit, mich wieder zu beruhigen. Mir selbst klar zu machen, dass mein Unterbewusstsein ein falsches Signal aufgegriffen hatte. Und anders zu reagieren. Wäre ich geblieben, hätte ich mich unterschwellig angegriffen gefühlt, nach dem Motto: „Erik wirft mir gerade vor, ein schlechter Ehemann gewesen zu sein, denn ich habe meiner Frau diesen Wunsch immer verwehrt." Das wäre schon deswegen Blödsinn gewesen, da Erik von dem Wunsch meiner verstorbenen Frau gar nichts gewusst hatte. Dennoch wäre mein schlechtes Gewissen angesprungen - und eine ausgesprochen defensive Reaktion die Folge.

Mittel- bis langfristig ist es natürlich besser, die den starken Reaktionen zugrunde liegenden Ängste anzugehen. Ihnen Namen zu geben, sie anzusprechen, darüber zu schreiben, hilft oft schon. In meinem Fall habe ich mir in dem Moment auf der Toilette vorgenommen, mit meinen Töchter eine Art „Gedenken-Reise" nach Norwegen zu machen. Etwas Persönliches von meiner verstorbenen Frau mitzunehmen und dort zu vergraben. Was genau das sein würde und wann wir das machen wollten, war in dem Moment nachrangig. Es reichte, mir klar zu machen, warum ich mich so schlecht fühlte. Und was ich tun könnte und wollte.

Die Reise haben wir übrigens noch immer nicht gemacht, aber wir wissen zumindest, wo wir hin wollen und welchen Gegenstand von meiner Frau wir „beerdigen" wollen. Nur das Wann ist noch immer unklar.

WAS LÄSST UNS ÜBERHAUPT SO REAGIEREN?

Bei mir war es in dem erwähnten Fall ein schlechtes Gewissen und Reue über etwas, das ich im Rückblick als Arroganz meinerseits ansah. Tiefliegende Ängste können auch dahinter stecken. Oder Minderwertigkeitsgefühle, wenn man sich zum Beispiel für nicht gebildet hält und das Gefühl hat, darum von den Anwesenden von oben herab behandelt zu werden.

Das Problem bei all diesen Situationen ist: So real sie in dem Moment erscheinen, sie sind IMMER ein Ergebnis einer lebhaften Einbildung.

Wir können schlichtweg nicht wissen, was die anderen Menschen um uns herum gerade denken und was sie von uns halten. Was auch immer wir glauben, erkennen zu können, ist immer eine Projektion unserer eigenen Befürchtungen, Ängste, Schuldgefühle und anderer negativer Gefühle und Glaubenssätze.

Letzteres ist der schwierigste Teil, denn Glaubenssätze verstecken sich oft ganz tief in unserem Unterbewusstsein. Aber sie sind es, die für die schnelle Reaktion auf bestimmte Ereignisse sorgen.

Ganz typische Glaubenssätze sind:

- Ich kann das nicht, weil ich das nie richtig gelernt habe.
- Ich werde bestimmt scheitern und andere werden sehen, dass ich eigentlich nichts kann.
- Ich habe all das nicht verdient.
- Ich bin vom Pech verfolgt. In meinem Leben geht nie etwas gut.
- Ich muss mir alles Gute im Leben erst durch harte Arbeit verdienen.

Kommt dir davon irgendetwas bekannt vor? Natürlich gibt es noch viel mehr tiefliegende Gedanken, die uns bei allem, was wir tun, begleiten. Sie sind es, die dazu führen, dass wir uns in bestimmten Situationen schlecht fühlen und dann auf eine Weise reagieren, die nicht gut für uns ist. Das kann ein Streit sein, den wir vom Zaun brechen. Oder auch die ewige „Aufschieberitis" bei wichtigen Tätigkeiten, bis es zu spät ist. Von alleine geht das nie weg. Aber genau darum lohnt sich die Arbeit, sich der eigenen Muster bewusst zu werden und die Glaubenssätze damit nach und nach ins aktive Bewusstsein zu holen. Wo man sie relativ einfach widerlegen kann.

Bis du soweit bist, deine Muster wirklich gut zu kennen, wirst du ein paar kleine Interventionen zur Hilfe nehmen müssen (wie meine Flucht auf die Toilette eine war). Aber nach und nach wird es dir leichter fallen, frühzeitig eine Eskalation zu erspüren und konstruktiver zu reagieren, als dein erster Impuls dir das empfohlen hätte.

Eine Intervention ist eine Aktion, die ganz schnell für eine Veränderung eines bestehenden Zustands sorgt. Sich nicht auf einen drohenden Streit einzulassen, sondern sich diesem (auch körperlich) zu entziehen, wäre so eine Intervention. Das gilt vor allem dann, wenn du merkst, dass eine Situation dich überfordern könnte und du spontan keine rationale und konstruktive Antwort hast.

Hast du dich nun erfolgreich aus der unmittelbaren Gefahr begeben, dann helfen einfache Übungen, die dich ganz schnell wieder aus der emotionalen Reaktion holen, wie zum Beispiel einfach nur eine Minute lang ganz tief ein- und auszuatmen.

Wenn du nicht weg kannst, weil du beispielsweise mitten in einem Meeting sitzt, dann versuche, den rationalen Teil des Gehirns anzusprechen, indem du die Menge der Kugelschreiber auf deiner Seite des Tisches zählst oder schaust, wie viele der

Anwesenden gestreifte Hemden haben. Was du zählst, ist völlig egal. Aber durch den Fokus auf Beobachtung von etwas, das neutral ist, schaltest du sofort wieder das Affenhirn in den Hintergrund. Du verschaffst dir damit Zeit, eine konstruktive Reaktionsmöglichkeit zu finden.

Im folgenden Kapitel habe ich neben den bereits erwähnten Interventionen noch eine Reihe weiterer Methoden aufgelistet, die dir auf deinem Weg zu einer nachhaltig positiven Lebenseinstellung hilfreich sein können.

8
WERKZEUGKASTEN

„Das Leben ist bezaubernd. Man muss es nur durch die richtige Brille sehen."

— ALEXANDRE DUMAS

Da ich es von mir und anderen Menschen kenne, wie schwer es manchmal sein kann, theoretische Informationen in die Praxis umzusetzen, hab ich dir in diesem Kapitel noch einmal alle Übungen zusammengetragen, die ich im Buch erwähnt hatte - und noch ein paar mehr. Sie alle können dich dabei unterstützen, dein Gehirn auf positives Denken zu trainieren. Du wirst sehen: Das ist absolut kein Hexenwerk, ganz im Gegenteil.

TEIL 1: ÜBUNGEN ZUR ÄUSSEREN HALTUNG

Der lachende Buddha beim Aufstehen

So hat ein Freund von mir die Übung genannt, denn er ist etwas rundlich und fand, dass ihn seine Figur doch sehr stark an klassische Darstellungen von Buddha in asiatischen Tempeln erinnert: sitzend, mit einem rundlichen Bauch und einem freundlichen Lächeln im Gesicht.

Aber mit Buddha hat die Übung nichts zu tun und auch nicht mit Buddhismus. Wenn schon Asien, dann kommen die Ursprünge eher aus Indien in Verbindung mit Yoga und/oder Ayurveda. Allerdings wurde die Wirksamkeit auch für uns gestresste Bürger der modernen westlichen Welt inzwischen in zahlreichen Studien bestätigt.

Ich erinnere mich noch gut daran, wie vor ein paar Jahren Lach-Seminare propagiert wurden. Wenn ich mich richtig erinnere, war es ein indischer Yogi, der damit ziemliches Aufsehen erregte, dass er Gruppen mit mehreren hundert Teilnehmern einfach nur lachen ließ. Am Anfang sollten sie nur laut „Ha Ha Ha" sagen, immer wieder, bis sie von ganz alleine und automatisch anfingen, tatsächlich zu lachen. Und da lachen ansteckend ist, reichte schon einer in der Gruppe, den es richtig packte, um die anderen mitzureißen.

Damals dachte man noch, dass Fröhlichkeit einfach guttut und sich diese Methode darum so gut anfühlt. Ich hätte mir damals nicht vorstellen können, überhaupt an so etwas teilzunehmen und fand es, nun, eher lächerlich. In Wirklichkeit steckt jedoch tatsächlich eine Methode und echte Wissenschaft dahinter.

Ist dir schon einmal aufgefallen, dass du, wenn du dich erschreckst, ganz plötzlich Luft holst. Dass du dann ganz schnell und tief einatmest? Das ist das Signal deines Unterbewusstseins, dass es eine Gefahr erkannt hat, und mit dem plötzlichen Einatmen wird der sogenannte Sympathikus aktiviert. Dieser ist wie sein Gegenspieler, der Parasympathikus, ein wichtiger Nerv und Teil des vegetativen Nervensystems. Von diesem wissen wir heute, dass es mindestens genauso wichtig und mächtig ist wie unser zentrales Nervensystem. Beide Nerven steuern gemeinsam fast alle inneren Organe mehr oder weniger autonom. Das soll heißen, dass unser Bewusstsein nur bedingt Einfluss darauf hat.

Wenn wir also erschrecken oder unser Unterbewusstsein sonst eine Gefahr erkennt, wird der Sympathikus aktiviert und er stellt unseren Organismus auf Flucht oder Angriff ein. Tief Luft zu holen ist der erste Schritt, dann folgt Muskelanspannung, ein schnellerer Herzschlag, die Verdauung wird heruntergefahren und der Blutkreislauf insgesamt auf schnelle körperliche Aktivität getrimmt.

Umgekehrt hast du vermutlich schon gemerkt, dass du lange und tief ausatmest, wenn du erleichtert bist. Du gibst einen erleichterten Seufzer von dir oder sagst so etwas wie „Puh, das war knapp." Auch das ist eine automatisierte Reaktion deines vegetativen Nervensystems, in diesem Fall des Parasympathikus, der den Alarmzustand wieder aufhebt, das Herz beruhigt, die Muskeln entspannt und die anderen Organe wieder auf Normalbetrieb schaltet. Und was tun wir, wenn wir lachen? Genau, wir atmen heftig aus. Der Parasympathikus kann nicht unterscheiden, ob unser Unterbewusstsein den Impuls gegeben hat oder wir das ganz bewusst selbst tun. Aber durch ein kurzes, fröhliches Lachen am Morgen, auch wenn es „künstlich" ausgelöst wird, bringen wir unseren Organismus in eine entspannte, positive Stimmung. Der Herzschlag beruhigt sich, die Muskeln sind entspannt und es werden keine Stresshormone ausgeschüttet. Aber nicht nur das. Wenn wir wirklich entspannt sind, ist auch der Urzeit-Teil unseres Gehirns entspannt. Wir greifen dann eher auf den modernen, rationalen Teil zu und neigen dadurch weniger zum Grübeln. Das alles hilft uns, die anstehenden Herausforderungen des Tages als weniger bedrohlich zu sehen.

Gleichzeitig werden durch das Lachen auch Gesichtsmuskeln angespannt, die ebenfalls unserem körpereigenen Alarmsystem signalisieren, dass alles in Ordnung ist. Versuche einmal, die Augenbrauen zusammenzuziehen oder die Stirn zu runzeln, während du von Herzen lachst. Das geht nicht! Wenn wir uns bedroht fühlen, reagieren wir mit der entsprechenden Mimik und auch das alarmiert den Sympathikus. Umgekehrt können wir selbst den Parasympathikus aktivieren, wenn wir unsere Gesichtsmuskeln völlig entspannen oder sogar diejenigen Muskelgruppen anspannen, die „Frieden" und „angenehme Gesellschaft" suggerieren - wenn wir nämlich lächeln oder sogar von Herzen lachen.

Es ist also kein Humbug im Spiel, wenn du dich morgens nach dem Aufwachen im Bett aufsetzt und ein paar Mal von Herzen laut lachst. Du wirst dich am Anfang etwas komisch fühlen, aber probiere es ruhig aus. Du wirst sehen, dass dich schon nach ein paar künstlichen „Ha Ha Ha"-Rufen ein Drang, richtig zu lachen, überkommt. Und der geht einher mit einer spürbaren fröhlichen und positiven Haltung. Genau diejenige also, die wir brauchen, um positiv zu denken.

Power-Haltung vor dem Spiegel

So, fröhlich gestimmt stehst du nun auf und begibst dich ins Badezimmer. Stelle dich auf, die Füße ungefähr eine Schulterbreite auseinander, den Rücken aufrecht, Brust raus, Kopf nach oben, Blick geradeaus. Die Hände stützt du entweder seitlich in die Hüften oder du breitest sogar die Arme aus und streckst die Hände schräg nach oben. Wenn du dir eine Uhr im Spiegel vorstellst, wären die Hände auf 10 (links) und 2 Uhr (rechts).

Atme nun vier bis fünf Mal ganz tief ein und aus und schaue dir dabei ruhig und fest selbst in die Augen.

Auch dahinter steckt eine Methode. Wenn du down oder traurig bist, oder vor etwas Angst hast, sieht man dir das an. Du selbst merkst das vielleicht nicht, aber du wirst in der Situation die Schultern hängen lassen, leicht vornüber gebeugt stehen oder sitzen, den Blick gesenkt halten und dich insgesamt kleiner machen. Und du wirst ziemlich sicher sehr flach atmen, also schnell ein und aus, aber nicht wirklich tief. Das ist ein Urzeit-programm, das da abläuft. Nicht unbedingt Flucht oder Angriff, sondern eher „ich mache mich unsichtbar, ich bin gerade schwach, ich bin keine Gefahr". Optimismus sieht jedoch anders aus.

Aber genau wie beim herzhaften Lacher kann der Parasympa-thikus nicht erkennen, ob du wirklich gerade stark bist und gut drauf oder nur so tust. Die aufrechte Haltung, der tiefe, gleich-mäßige Atem und der ruhige, feste Blick mit entspannten Gesichtsmuskeln aktivieren ihn auf alle Fälle. Schon nach einer Minute wirst du dich tatsächlich „stark" fühlen - egal, wie es dir vorher gegangen ist. Wie gesagt, eine Minute reicht hier völlig. Das ist übrigens auch eine Übung, die du ganz problemlos vor einer wichtigen Präsentation durchführen kannst. Einfach kurz vorher auf die Toilette und dich dort so aufbauen. Selbst wenn du das in dem Fall ohne Spiegel machst, funktioniert es, und du wirst mit einer ganz anderen inneren Einstellung in deine wich-tige Präsentation gehen.

120 Sekunden Lächeln

Wenn du das Ganze noch verstärken möchtest, lächelst du dich bei der Pose zwei Minuten lang selbst an. Grinsen ist auch erlaubt. Dadurch werden Gesichtsnerven aktiviert, die mit der Ausschüttung von Wohlfühlhormonen zusammenhängen, also

Serotonin und Dopamin, aber auch das „Sozial-Hormon"
Oxytocin.

Die Übung mit dem Lächeln funktioniert auch für sich alleine,
ohne die Power-Haltung. Zwei Minuten sollten es aber schon
sein. Du wirst es gar nicht schaffen, an etwas Schlimmes oder
Bedrohliches zu denken, während du ein Dauergrinsen im
Gesicht hast. Das heißt, du kannst schon an die Situationen
denken, aber dein Unterbewusstsein wird sie als neutral wahrnehmen. Und, dank der Aktivierung des rationalen Teils des
Gehirns, gleichzeitig recht entspannte Lösungen vorschlagen.

Mit allen drei Übungen zusammen, programmierst du dich
gleich morgens auf eine positive, optimistische Grundstimmung.
Dadurch feuern auch vermehrt nur die Neuronen im Gehirn, die
positive, kreative und lösungsorientierte Gedanken generieren
und transportieren. Nicht ausschließlich, denn bei 50 000 bis 70
000 Gedanken am Tag schleicht sich auch der eine oder andere
„Pessimist" ins Bild. Aber der bleibt, innerlich so gut vorbereitet,
ganz bestimmt in der Minderheit.

TEIL 2: ÜBUNGEN ZUR INNEREN HALTUNG

Unser Gehirn ist ein wirklich mächtiges Organ. Die Tatsache,
dass es für rund 25 Prozent des täglichen Kalorienverbrauchs
verantwortlich ist, ist das deutlichste Zeichen, dass dort mehr vor
sich geht als uns im wahrsten Sinne des Wortes bewusst ist.
Unser Gehirn ist nicht nur eine unglaubliche Rechenmaschine,
die auch die komplexesten Aufgaben lösen kann, sondern zudem
ein extrem gut organisierter Archivar. Ein 360-Grad-Kino, Motivationstrainer und Diät-Coach. Wenn wir es denn lassen.

Da wir, wie bereits erwähnt, jeden Tag zehntausende Gedanken
verarbeiten, wären wir gar nicht in der Lage, jeden einzelnen
davon wirklich bewusst zu erfassen und abzuspeichern. Unser

Gehirn hilft uns hier, indem es Filter anwendet, so dass uns in bestimmten Situationen immer nur die Informationen bewusst werden, die wir gerade brauchen. Und das können wir nutzen, indem wir die Assoziationskraft unseres Gehirns anzapfen und auf „positive" Filter programmieren.

Heldenübung

Die Einfachste davon ist die sogenannte Heldenübung. Das bedeutet jetzt nicht, dass wir plötzlich zu Helden mutieren sollen (obwohl es durchaus spannend sein könnte, als „Superman" durch die Luft zu fliegen). Nein, es ist ein einfaches Gedankenspiel.

Stelle dir dafür einfach einmal deinen Lieblingshelden vor. Das kann ein richtiger Superheld sein oder auch ein Mensch, den du besonders bewunderst. Überlege dir, was ihn für dich so besonders macht und schreibe die entsprechenden Adjektive auf. Bei „Spiderman" wäre das vielleicht flink, frech, unerschrocken, athletisch und so weiter. Bei einem Alltagshelden vielleicht mutig, kreativ, großherzig - ich bin sicher, du verstehst, was ich meine.

Nimm dir nun zwei Minuten Zeit und schreibe so schnell du kannst alle Adjektive auf, die dir zu deinem Helden einfallen. Mehr nicht. Einfach nur auflisten. Aber mache das eine Woche lang jeden Morgen. Allein dadurch, dass du aktiv an die Eigenschaften denkst und diese auch noch aufschreibst, suggerierst du deinem Gehirn die Bedeutung dieser Eigenschaften. Es erstellt dazu automatisch Assoziationen für deine Person. Ohne, dass du irgendetwas tun musst, fallen dir plötzlich Situationen ein, in denen du selbst schon mutig, flink, schlau, stark oder großherzig gewesen bist. Du wirst sehen, du fühlst dich dabei richtig gut. Nicht unbedingt als Held, aber durchaus selbstbewusster und stolzer und vor allem deutlich besser auf die Herausforderungen des Tages vorbereitet.

Dankbarkeits-Countdown

Der mächtigste Filter von allen, der nachweislich die größte Auswirkung auf unser Glücksgefühl hat, ist nicht die Liebe, wie man vielleicht vermuten würde, sondern die Dankbarkeit. Wenn wir lernen, dankbar zu sein für das, was wir bereits haben, spüren wir das auch in Bezug auf unsere physische Gesundheit. Das haben zahlreiche Studien in allen Teilen der Welt inzwischen belegt. Und das gilt für Herz-Kreislauf-Erkrankungen, genauso wie für Erkrankungen des Verdauungstraktes oder auch chronische Gesundheitsprobleme wie Migräne.

Eine Übung, die du jederzeit ausführen kannst und die auch die Assoziationskraft deines Gehirns nutzt, ist der Dankbarkeits-Countdown. Hierzu schaust du dich um und zählst einfach so schnell du kannst von zehn rückwärts und nennst für jede Zahl etwas, für das du gerade dankbar bist. Das muss wirklich nichts Großes sein. Das könnte losgehen mit der Tatsache, dass in deiner Straße wenig Verkehr ist oder dass du froh bist, Wasser aus der Leitung trinken zu können oder eine bestimmte Freundin zu haben. Wichtig ist, dass du die Liste in Gedanken so schnell wie möglich erstellst. Das dauert im Zweifelsfall nur ein, zwei Minuten und du musst das auch nicht aufschreiben oder laut aufsagen. Ich mache das gerne über den Tag verteilt immer wieder, wenn ich zum Beispiel irgendwo in einer Schlange warten muss, im Zug sitze oder sonst „leere" Zeit habe. Was dadurch passiert, ist, dass dein Gehirn anfängt, automatisch Muster zu erkennen und du dann irgendwann auch ganz ohne Übung spürst, was für ein Glückspilz du eigentlich bist. Du fühlst dich gut und optimistisch. Und du erkennst dadurch, wie ich in Kapitel 2 ausgeführt habe, auch manche gute geschäftliche

Gelegenheit eher als jemand, der sich eher als vom Pech verfolgt betrachtet.

3 gute Dinge

In eine ähnliche Richtung geht die Übung mit den „drei guten Dingen, die dir an dem Tag passiert sind". Hierzu setzt du dich abends hin und schreibst dir drei Situationen, Dinge, Begegnungen und so weiter auf, für die du an diesem Tag dankbar warst. Die Schwierigkeit hier ist, dass du konkreter werden solltest, und dass du jeden Tag andere Dinge auflisten musst. Dadurch trainierst du dein Gehirn, auch in eventuell nicht ganz so glücklichen Zeiten zu erkennen, dass alles gar nicht so schlimm ist.

Ich schreibe meine drei guten Dinge immer auf bunte Zettel und werfe diese dann in eine große Kiste. Du könntest wie meine Freundin auch ein großes Einmachglas nehmen. Das sieht nicht nur hübsch aus, sondern es ist auch ein sichtbares Zeichen dafür, wie viel Gutes dir täglich widerfährt. Und wenn ich dann tatsächlich einmal etwas depressiv bin, lese ich einfach ein paar der Zettel durch. Glaube mir, das hat einen unglaublich mächtigen Effekt!

Reframing

Einen Schritt weiter geht die Übung mit dem „Reframing". Hier nimmst du dir eine Situation am Tag vor, die du als negativ oder schwierig erlebt hast. Und dann überlegst du dir, was daran eventuell auch gut gewesen sein könnte. Glaube mir, in jeder Situation kann man etwas Gutes erkennen, auch wenn es schwer fällt. Hätte man die Probleme gebraucht? Nein, sicher nicht. Aber keine Situation ist nur schlecht, bedrohlich oder negativ. Es gibt immer Elemente, die man daraus positiv mitnehmen kann. Mir selbst hat alleine diese Methode geholfen, mein negatives Gedankenkarussell komplett abzustellen. Schon nach wenigen Wochen, in denen ich diese Methode in meinem Tagebuch verwendet habe, hat mein Unterbewusstsein ganz automatisch beim Gedanken an ein unschönes Erlebnis die Frage gestellt: Wie könnte man das positiv betrachten? Wie könnte ich das anders sehen? Was kann ich davon mitnehmen?

Mountain Meditation

Das mentale Äquivalent zur „Power-Pose" ist die „Mountain Meditation". Dafür brauchst du etwas Zeit und vor allem Ruhe, musst aber nichts aufschreiben.

Setze dich dafür an einem ruhigen Ort bequem hin und schließe die Augen. Es muss nicht der Schneidersitz sein, aufrecht auf einem Stuhl sitzen geht auch. Lege die Hände entspannt in den Schoß und atme ein paar Mal tief und ruhig durch.

Dann stell dir vor, wie du auf einer Wiese sitzt. Nur du, um dich herum ist eine weite Fläche. Atme ruhig weiter und stell dir dann vor, wie du immer größer und mächtiger wirst: wie ein Berg, der sich über der Ebene erhebt. Lass dich immer weiter wachsen und spiele mit dem Bild. Stell dir vor, wie die ersten Sonnenstrahlen des Tages dich beleuchten. Stell dir vor, wie weit du über die Ebene hinaussehen könntest, wenn du ein ganz hoher Berg wärst. Stell dir vor, wie Tiere und Menschen an deinen Flanken Schutz suchen vor Unwettern, wie Stürme dich umtosen und dir nichts anhaben können.

Nimm dir dafür ungefähr zehn Minuten Zeit, das reicht schon. Die Methode nutzt eine Eigenart unseres Gehirns, die erst in letzter Zeit wirklich erkannt wurde. Dadurch, dass du in Gedanken simulierst groß, stark und mächtig wie ein riesiger Berg zu sein, glaubt dein Unterbewusstsein, dass dem wirklich so ist. In der Motivationspsychologie nutzen Spitzensportler das, indem sie sich in einer ähnlichen Meditation vorstellen, wie sie einen Marathon als erstes beenden oder ähnliche Spitzenleistungen vollbringen. Wichtig ist, es sich so detailliert wie möglich vorzustellen. In starken, emotionalen Bildern. Bei den Sportlern umfasst das auch die schwierigen, anstrengenden Teile der Leistung.

Und das hat nicht nur geistige Auswirkungen. In verschiedenen Studien mit Spitzensportlern wurde nachgewiesen, dass bei den Probanden, die ihr Training mit einer derartigen Meditation unterstützten, Muskelmasse schneller wuchs und die Fitness sich schneller verbesserte als bei der Kontrollgruppe, die ansonsten das völlig identische Training mit einem identischen Ernährungsplan durchlief.

Du wirst dann zwar nicht zu einem „Berg" werden, aber mental deutlich ruhiger, stabiler und auch optimistischer in schwierige Situationen gehen können.

TEIL 3: SCHAFFE DIR EIN PASSENDES UMFELD

Der am meisten unterschätzte Anteil an einer positiven Lebensführung ist das Umfeld, in dem man sich befindet. Wir denken zumeist, dass unsere innere Einstellung zum Leben etwas zutiefst persönliches ist und, wenn überhaupt, nur von uns selbst beeinflusst werden kann. Jedoch ist dem nicht so.

Eine der weltweit umfangreichsten und am längsten laufenden Studien zur Herzgesundheit, die „Framingham Heart Study", hat inzwischen belegt, dass Glück „ansteckend" ist. Und das ist durchaus wörtlich gemeint. Ursprünglich war die Studie 1948 im Bundesstaat Massachusetts in den USA ins Leben gerufen worden, um die Gründe für die sich dramatisch verschlechternde Herzgesundheit vieler Amerikaner zu untersuchen. Sie war als

Langzeitstudie angelegt. Die ursprüngliche Hypothese war, dass vor allem die Lebensweise (Mangel an Sport, gepaart mit zu viel Alkohol und Rauchen), sowie die Ernährung (zu viel und zu fettes Essen) hier hauptsächlich für den drastischen Anstieg an Herz- und Kreislauferkrankungen in der amerikanischen Bevölkerung war.

Der Vorteil einer Langzeitstudie mit einer großen Anzahl von Teilnehmern ist, dass man nicht nur Momentaufnahmen beleuchtet. Man kann so im Lauf der Jahre auch weitere Faktoren untersuchen, die bei einer kurzfristigen Betrachtung gar nicht auffallen würden. Zunächst jedoch sah alles so aus, als wäre die ursprüngliche Hypothese richtig. Beim größten Teil - rund 80 Prozent - der Probanden, die im Laufe der Studie tatsächlich einen Herzinfarkt oder Schlaganfall erlitten oder schweres Diabetes entwickelten, konnten der Lebensstil und die Ernährung als ursächlich nachgewiesen werden. Das galt aber eben nur für diejenigen, die tatsächlich krank geworden waren. Nicht für die Gesamtheit der Menschen, die im Rahmen der Studie begleitet wurden. Hier gab es im Gegenteil überraschende Erkenntnisse. Als die Forscher sich genauer ansahen, warum eine signifikante Anzahl von Teilnehmern offenbar keinerlei gesundheitliche Probleme zu haben schien, obwohl sie ähnlich ungesund lebten, kamen völlig neue Erkenntnisse zutage: Der einzige Punkt, den diese Teilgruppe gemeinsam hatten, schien eine grundlegend positive Lebenseinstellung zu sein. Sie alle glaubten, vom Glück verfolgt zu sein.

Die Studie läuft noch immer und die Ergebnisse werden in regelmäßigen Abständen sowohl auf der offiziellen Homepage als auch in Fachblättern veröffentlicht. Und dabei konnte belegt werden, dass die Menschen, die zur Gruppe der ausgeprägten Optimisten gehörten, trotz eines suboptimalen Lebensstils eine um 48 Prozent höhere Lebenserwartung hatten, als ihre „pessimistischen" Studienkollegen.

Aber damit nicht genug. Im Detail befragt, was bei ihnen zu der durchweg positiven Lebenseinstellung beigetragen hatte, gaben viele der Teilnehmer an, dass sie von Freunden, Familie, Kollegen, Rollenvorbildern und so weiter inspiriert seien. Sie waren sich überhaupt nicht bewusst, eine andere Einstellung zum Leben zu haben, da ihr gesamtes Umfeld so dachte. Also hakten die Forscher nach. Sie überprüften, ob das Umfeld „reproduzierbar" war und wenn ja, ob es irgendwelche Auswirkungen auf die Gesundheit der Teilnehmer hätte. Sie brachten Teilnehmer, die sich selbst für Pessimisten hielten, im Rahmen von Arbeitsgruppen mit Optimisten zusammen. Und tatsächlich. Es dauerte nicht lange und der Einfluss der positiv denkenden Menschen hatte auch die negativ eingestellten Teilnehmer angesteckt. Mit eindeutigen Auswirkungen nicht nur auf das gefühlte Wohlbefinden, sondern tatsächlich auf die medizinisch überprüfbare Herzgesundheit. Und das ganz ohne weitere Veränderungen in der Lebensweise.

Nun möchte ich hier betonen, dass meiner Meinung nach ein gesunder Lebensstil immer zu bevorzugen ist. Und auch die Studie hat gezeigt, dass trotz positiven Denkens Menschen, die extrem ungesund lebten, eine deutlich niedrigere Lebenswartung haben, als Menschen, die sich gesund und ausgewogen ernähren, regelmäßig Sport treiben und wenig Alkohol trinken.

Was ich jedoch bei dieser Studie besonders spannend finde, ist die Tatsache, dass das Umfeld so einen massiven Einfluss auf die eigene Lebenseinstellung hat. Als ich zum ersten Mal von dieser Studie gehört hatte, habe ich mich selbst reflektiert. Und ja, ich kann das auch für mich bestätigen.

Wenn man eine Krise durchläuft, stellt man sehr schnell fest, wer die wahren Freunde sind. Nach meinem Unfall war ich sicherlich kein sehr positiver Zeitgenosse. Ich fühlte mich vom Unglück verfolgt und war auf alles und jeden schlecht zu sprechen. Ich weiß, dass ich zum Teil selbst schuld daran war, dass einige alte Freunde nichts mehr mit mir zu tun haben wollten. Trotzdem waren da auch ganz viele, die sich nach dem Unfall nie mehr bei mir gemeldet haben. Ich hatte ihnen nichts getan, war ihnen gegenüber nicht launisch oder grob geworden. Sie sind einfach verschwunden. Auch langjährige Freunde, von denen nicht einmal eine Textnachricht kam.

Heute bin ich fast froh darüber. In dieser schwierigen Zeit war ich sehr lange so auf mich selbst fokussiert, dass ich eher unabsichtlich einen neuen Freundeskreis aufgebaut habe. Ich verdanke das vor allem meiner neuen Freundin, die mich mit liebevoller Penetranz wieder ins Leben zurückgeschubst hat. Sie ist selbst ein durchweg positiv denkender Mensch, aber sie hat mich auch mit anderen, ähnlich denkenden Menschen zusammengebracht. Daraus ist inzwischen ein völlig neuer Freundeskreis entstanden, der mich zusätzlich und sehr positiv beeinflusst.

Und das nicht nur in Bezug auf meine innere Einstellung. Ich habe dadurch auch viele Gewohnheiten geändert, ohne mich gefühlt dafür anstrengen zu müssen. Ich laufe regelmäßig, habe deutlich Gewicht verloren, bin insgesamt viel sportlicher als ich das jemals vorher war. Und das ganz ohne Motivationsguru. Für mich spielt der positive Einfluss der Menschen um mich herum hier die entscheidendste Rolle. Oder um James Clear, den Verfasser des Bestsellers „Atomic Habits", zu zitieren: „Environment beats willpower" („Das Umfeld ist mächtiger als die Willenskraft").

Darum habe ich hier in diesem Segment nur einen Rat, und ich bin mir bewusst, dass das nicht einfach ist. Aber schaue dich in deinem Freundeskreis um. Gibt es dort Menschen, in deren Gesellschaft du dich gut fühlst? Die dich durch ihr Beispiel motivieren? Ich rede nicht von den Freunden, die dich unter Druck setzen, Dinge zu ändern und du machst aus schlechtem Gewissen widerwillig mit. Nein, ich meine Menschen, in deren Gesellschaft dir manche Dinge einfach leichter fallen. Baue die Beziehung zu diesen Menschen aktiv und bewusst aus. Suche ihre Nähe, was zwangsläufig zu mehr solcher Kontakte führt.

Gleichzeitig ist es legitim, auch von Freunden und Bekannten Abschied zu nehmen, die dich herunterziehen. In deren Gesellschaft du dich permanent schlecht fühlst. Ich rede hier nicht von guten Freunden, die eine schwierige Zeit durchlaufen und deine Hilfe brauchen! Es geht um die Menschen, die immer so sind, die dir ständig das Gefühl geben, nicht gut genug zu sein, etwas falsch gemacht zu haben oder irgendwie im falschen Film zu sein. Wie ich aus eigener, leidvoller Erfahrung weiß, lassen solche Freunde dich sowieso als erstes fallen, wenn es dir schlecht geht und du wirklich Hilfe bräuchtest.

Wie ich in Kapitel 5 geschrieben habe, gibt es auf Okinawa das Prinzip der Moai, der „Gruppe der 5". Solch ein Moai, eine Gruppe von wenigen, aber sehr guten Freunden, die dich positiv bestärken und manchmal vielleicht auch etwas „pieken" und voranbringen, solltest du dir schaffen. Du brauchst nicht die Liebe und Zuneigung der ganzen Welt. Es reichen ein paar wenige, wirklich gute Freunde, um einen spürbaren Unterschied zu machen.

TEIL 4: RITUALE FÜR RESILIENZ - WIE POSITIVES DENKEN ZUR GEWOHNHEIT WIRD

Kenne dich selbst oder kenne deine „Vermeidungsstrategien"

Ich vermute einfach, dass du dieses Buch nicht in die Hand genommen hättest, wenn du nicht auf der Suche nach mehr positivem Lebensgefühl wärst. Und während ich selbst ein großer

Freund davon bin, mich auf die positiven Dinge des Lebens zu konzentrieren, schadet es nicht, bei sich selbst einmal genau hinzuhorchen, was einem die eigenen Ängste so sagen wollen. Denn wenn wir den Teil von uns einfach verdrängen, kommt er irgendwann als Bumerang zurück, meistens in Form von „Aufschieberitis".

Zu wissen, was uns Angst macht, vor allem die ganz unbewussten Ängste aufzuspüren, ist ein ganz wichtiger Teil der Arbeit an mehr Resilienz. Nicht weglaufen. Auch und vor allem nicht virtuell durch Alternativ-Beschäftigung im Internet oder Serien-Marathons. Einfach durch gar keine Tätigkeiten, die verhindern, dass man sich mental mit etwas beschäftigen muss, das sich unangenehm oder sogar beängstigend anfühlt.

Kennst du also Situationen, in denen du merkst, dass du nicht so recht voran kommst? In denen du auf einmal lieber die Wäsche bügelst, das Altglas entsorgst, den Rasen mähst oder die Kellerdecke streichst - obwohl all das Tätigkeiten sind, vor denen du normalerweise eher davonlaufen würdest? Dann steckt dahinter meistens eine ganz leise Stimme, die in deinem Unterbewusstsein flüstert: „Das macht mir Angst, ich will da nicht sein!"

Fast immer sind diese Ängste irrational und das Ergebnis von limitierenden Glaubenssätzen, die wir irgendwann in unserem Leben aufgegriffen haben. Es geht hier ganz bewusst nicht um wirklich beängstigende Situationen, die jeder nachvollziehen kann. Eine schwere Krankheit zum Beispiel oder eine drohende Naturkatastrophe. Nein, es sind die kleinen Nadelstiche des Unterbewusstseins, wegen derer wir uns oft schlecht fühlen. Und dabei so gar nicht genau wissen, warum.

Mache in so einem Fall die folgende Übung: Beim ersten Mal wird es etwas länger dauern, aber du wirst sehen, mit jeder Wiederholung wird es einfacher werden. Wichtig ist, dass du diese Übung jedes Mal machst, wenn du merkst, dass du innerlich vor einer Aufgabe oder einem Ziel (das du dir eventuell sogar selbst gesetzt hast) davonlaufen möchtest. Je öfter du das schaffst, desto weniger werden dich diese Ängste heimsuchen. Und in gar nicht allzu ferner Zukunft wirst du ganz automatisch schon die Schritte in Gedanken durchspielen und gar nicht mehr in so ein tiefes Loch fallen:

SCHRITT 1:

Höre in dich hinein und frage dich dann, welche Furcht dein Unterbewusstsein gerade beschäftigt. Vielleicht möchtest du dich auf eine neue Stelle bewerben, aber schiebst das Versenden der Unterlagen immer wieder auf? Dann wäre der erste Satz vielleicht: Ich befürchte, dass meine Qualifikationen in Wirklichkeit nicht ausreichen.

Dann stelle dir zu dem Satz 5 Mal in Folge die Frage: warum?

Also wie folgt:

Ich weiß nicht, ob ich qualifiziert genug bin.

Warum macht mir das Angst?

> -> Weil ich glaube, dass man mich dann für einen Angeber hält, einen Schaumschläger, der mehr sein will als er ist.

Warum macht mir das Angst?

> -> Weil ich mich nicht vor dem zukünftigen Chef und der Personalabteilung blamieren möchte.

Warum macht mir das Angst?

> -> Weil die dann vielleicht hinterfragen könnten, dass ich

auch für meine aktuelle Position eigentlich gar nicht geeignet bin.

Warum macht mir das Angst?

-> Weil ich Angst habe, dann gekündigt zu werden.

Warum macht mir das Angst?

-> Weil ich dann vor meiner Familie und meinen Freunden als der Versager dastehe, für den ich mich eigentlich halte.

Das war jetzt ziemlich plakativ, aber ich hoffe, das Prinzip ist dir klar geworden. Es geht hier darum, nicht mit der ersten Projektion zu arbeiten, die das Unterbewusstsein preisgibt, sondern wirklich nach der Ursache hinter den Ängsten und den negativen Gedanken zu suchen.

SCHRITT 2:

Erstelle eine Tabelle mit drei Spalten:

1. In Spalte eins schreibst du folgende Frage:

Was wäre das Schlimmste, das passieren könnte, wenn ich jetzt tatsächlich aktiv werde (also in unserem Beispiel die Bewerbung abschicke)?

2. In Spalte zwei schreibst du die folgende Frage:

Durch welche ganz konkreten Aktionen kann ich verhindern, dass die problematische Folge wirklich eintritt?

3. In Spalte drei notierst du die Frage:

Falls der schlimmste Fall dennoch eintritt, was müsste ich tun, damit ich wieder dorthin komme, wo ich jetzt gerade bin?

Schreibe jede der möglichen Folgen in eine eigene Zelle und bewerte sie nach Schwere (also 1 = wird sich kaum bemerkbar machen bis 10 = existenzbedrohlich) - und beantworte die Fragen in Spalte 2 und 3 jeweils so detailliert wie möglich, mit ganz konkreten Aktionen.

Du wirst dabei zweierlei feststellen:

1. Deine ursprüngliche Befürchtung wird gar nicht auftauchen, denn durch diese Art der Reflexion aktivierst du den Vernunft-Teil deines Gehirns. Und rational betrachtet kommen eben ganz andere Dinge zum Tragen als die „urtümlichen" Ängste aus deinem Unterbewusstsein.
2. Du wirst danach merken, dass du gar nichts zu verlieren hast. Denn selbst wenn dein Versuch schief geht, wirst du im allerschlimmsten Fall genau dort herauskommen, wo du jetzt gerade stehst. Also in unserem Beispiel: Selbst wenn du nicht genommen wirst, ist realistisch gesehen die schlimmste Folge, dass du eben deinen gegenwärtigen Job weiter machen musst.

Dir wird durch diese Übung bewusst, dass du selbst durch Aktivitäten, die etwas Mut verlangen, nichts zu verlieren und alles zu gewinnen hast. Und mit jeder weiteren Runde dieser Übung wird sie dir leichter fallen, weil du dich immer besser kennst und einschätzen kannst. Und da du in den Runden vorher ja ganz bewusst realisiert hast, wie wenig „Katastrophen" tatsächlich passiert sind, bemerkt das irgendwann auch dein Unterbewusstsein und bleibt von vornherein gelassener. Bis zu dem Tag, an dem auch dein Unterbewusstsein glaubt, dass alles gut ausgeht, und dass die Idee, die dir vor wenigen Wochen noch Angst gemacht hat, eigentlich wirklich spannend und im positiven Sinne aufregend ist!

Die drei Stufen der Kontrolle

Wir fürchten uns vor allem in solchen Situationen, in denen wir das Gefühl haben, die Kontrolle zu verlieren oder vielleicht auch nie bekommen zu können. Neben dem genauen Blick auf das, was uns das Unterbewusstsein in solchen „ängstlichen" Momenten sagen möchte, lohnt sich auch der Blick auf die Rahmenbedingungen. Gibt es in den Situationen, die dich verunsichern, einen gemeinsamen Nenner? Bei den meisten von uns hat das mit Kontrolle zu tun. Aber das erkennt man nicht unbedingt auf den ersten Blick.

Die allermeisten von uns sind so erzogen, sozial angepasst zu sein. Als „normal" zu gelten. Das ist für sich genommen auch nichts Negatives, denn wir Menschen sind schließlich soziale Wesen, die mit der Welt um uns herum gut auskommen wollen. Da helfen bestimmte soziale Normen und Regeln natürlich schon.

Allerdings nur so lange, wie sie nicht zum heimlichen Stressfaktor werden. Es ist eine Sache, zu wissen, wie man beim Empfang des neuen Bürgermeisters anständig Smalltalk macht, wie man in Kundengesprächen den richtigen Ton trifft - oder eben eine anständige Bewerbung schreibt. Ganz anders sieht es dagegen aus, wenn man gestresst ist, weil man Dinge regeln möchte, die sich der eigenen Kontrolle entziehen. Wenn die Ängste nichts mit der Qualität der Bewerbung oder der eigenen Qualifizierung zu tun haben, sondern mit der Einstellung der Welt um einen herum zur eigenen Person.

„Was werden wohl die Nachbarn denken?", diese Frage ist dir sicherlich auch schon durch den Kopf geschossen. Und auch beim Beispiel der vorherigen Übung, ging es in gleichen Teilen um tatsächlich gestaltbare Dinge. Zum Beispiel darum, wie uns ein Scheitern in den Augen der uns wichtigen Menschen aussehen lassen würde. Leider bringt dabei die Tabellenübung wenig, denn egal wie lange wir nachdenken, wir werden weder genau wissen, was der Chef, die Freunde, die Nachbarn oder wer auch immer wirklich über uns denkt. Noch wie wir das ändern oder kontrollieren können. Dir das klarzumachen, wirklich ganz tief in dir drin auch zu glauben, ist unglaublich befreiend. Natürlich will keiner als Versager gelten oder als Egoist, der über Leichen geht und die Kollegen im Stich lässt. Aber egal, was du tust: Am Ende des Tages hast du über die Gedanken anderer überhaupt keine Kontrolle. Also kannst du auch tun, was DIR gut tut und DICH weiter bringt.

Um die Übung durchzuführen, brauchst du drei Behälter. Es reichen auch drei Wassergläser. Stell sie nebeneinander auf und dann schreibe dir alle Situationen und Umstände, die du gerade schwierig findest, auf je einen Zettel. Das können durchaus auch die Themen aus der Übung vorher sein. Um bei unserem Beispiel mit der Bewerbung zu bleiben: Du hast vielleicht als Einziger im Büro „nur" eine Lehre und hast das Gefühl, deswegen trotz deiner 20 Jahre Berufserfahrung und einer bislang durchaus erfolgreichen Karriere nicht ausreichend qualifiziert für die Stelle zu sein, auf die du dich bewerben möchtest.

Sammle alle Gedanken, die dir zu dem Themenkomplex kommen.

In Glas eins wirfst du alle Zettel, von denen du glaubst, dass es Dinge sind, die völlig unter deiner Kontrolle sind.

In Glas zwei wirfst du alle Zettel, von denen du glaubst, dass du sie zumindest stark beeinflussen kannst.

In Glas drei wirfst du alle Zettel, von denen du glaubst, dass du überhaupt keinen Einfluss darauf hast.

Nimm dir dann Glas 1 vor und frage dich bei jedem Zettel, wie genau dein Einfluss aussieht. Was, ganz konkret, kannst du hier tun? Wenn dir nichts einfällt, hast du in Wirklichkeit keine Kontrolle darüber. Das gilt für so ziemlich alles. Angefangen davon, was deine Kollegen und dein Chef von dir halten. Egal wie nett, fleißig oder aufmerksam du bist, kontrollieren kannst du ihre Einstellung nicht. Noch nicht einmal wirklich beeinflussen. Bei echten Freunden und engen Familienangehörigen mag das etwas anders aussehen. Kontrolle hast du aber auch da nicht. Auch dein Gewicht und deine Gesundheit kannst du allenfalls beeinflussen, aber nicht kontrollieren.

Am Ende bleibt nur ein Punkt übrig, wenn du ganz ehrlich zu dir bist. Und das ist: deine innere Einstellung. Das ist bei jedem Konflikt, bei jeder Sorge das einzige, das du wirklich unter Kontrolle hast.

Verteile die Themen aus Glas eins, bei denen dir klar geworden ist, dass du keine Kontrolle darüber hast, auf die anderen beiden Gläser. Dann nimm dir Glas zwei und überlege dir zu jedem Punkt, wie du die Situation anders sehen könntest. Der Kollege aus der Entwicklungsabteilung schneidet dich seit Wochen? Und du glaubst, er ist eingeschnappt, weil du dich beruflich verändern willst? Weil er die Stelle eigentlich für sich selbst möchte?

Zwinge dich nun dazu, ganz andere Gründe für das Verhalten zu finden:

Ist er überhaupt eingeschnappt? Vielleicht ist er zurzeit einfach nur mehr als sonst mit etwas beschäftigt?

Hat er gesundheitliche Probleme?

Hat er ein schlechtes Gewissen, weil er dir nicht geantwortet hat?

Arbeitet er selbst daran, sich beruflich zu verändern, und weiß nicht, wie er es den ohnehin schon überlasteten Kollegen sagen soll?

Und wenn du dann wirklich an dir arbeiten möchtest, dann geh hin und sprich ihn darauf an. Dass du dir Sorgen machst, weil du schon länger nicht mehr richtig mit ihm gesprochen hast. Ich verwette ein Kilo Schokoladeneis, dass keines deiner „ich habe etwas Böses getan"-Beispielen dahinter steckt.

Mit jedem Mal, bei dem du eigene „Illusionen" aufdeckst, wirst du merken, dass du weniger in diese Richtung denkst. Das hilft zwar nicht als Intervention, hilft mittelfristig aber trotzdem, deine Reaktivität zu reduzieren. Und es trainiert dein Gehirn, nicht gleich überall eine Krise zu sehen, wo eigentlich gar keine ist. Nach und nach wirst du auch hier ganz automatisch annehmen, dass alles gut ausgehen wird.

Falls du dich nun fragst, was mit den Zetteln im dritten Glas passiert? Gar nichts. Lese sie durch und freue dich darüber, dass du sowieso nichts machen kannst. Warum also noch länger darüber nachdenken?

Krisen-Interventionsübungen - wenn's mal akut wird.

Die ersten Übungen aus dem Teil sind auf längerfristige Resilienz angelegt. Also darauf, mental ruhig und ausgeglichen zu bleiben, auch wenn die Zeiten schwieriger sind. Doch manchmal ist keine Zeit für eine tiefgehende und längerfristige Reflexion. Oder du hast die Übungen noch nicht oft und lange genug gemacht, damit sie greifen.

Dafür habe ich hier zwei Übungen zusammengestellt, die dir helfen, in einem Moment der Panik oder Angst aus dem Urzeitmodus schnell wieder in den Vernunftmodus schalten zu können. Denn nur in diesem ist positives und optimistisches Denken auch in herausfordernden Zeiten möglich.

ÜBUNG 1: Ich sehe. Ich höre. Ich fühle.

Hierzu brauchst du überhaupt keine Hilfsmittel. Du musst lediglich mit allen Sinnen zwei Minuten lang dein Umfeld wahrnehmen. Schau dich um und sage dir in Gedanken vor, was du wahrnimmst - und zwar so viele und so unterschiedliche Dinge wie möglich. Das kann so aussehen:

„Ich sehe die Frau im roten Pullover. Ich höre das Läuten eines Telefons. Ich sehe ein Liebespaar. Ich rieche den Duft von Kaffee. Ich fühle den Ellbogen meines Nebenmanns in meiner Seite. Ich höre, wie jemand „Martin" ruft. Ich rieche ein starkes Parfum..."

Damit schaltest du ganz bewusst wieder dein rationales Denkzentrum ein. Angst und Panik werden heruntergefahren. Wenn du dann wieder ruhiger bist, kannst du die Situation, die dich verängstigt hat, rationaler betrachten und eine vernünftige, positive Lösung dazu finden.

ÜBUNG 2: Atemübung 7-11

Diese Übung spricht, wie auch der lachende Buddha, die beiden Nerven Sympathikus und Parasympathikus an - hier geht es ganz konkret um den Letzteren, den Beruhigungsnerv. Allerdings schneller und wesentlich intensiver.

Atme dafür langsam und tief ein und zähle dabei bis sieben. Dann atme langsam und kontrolliert wieder aus und zähle dabei bis 11. Wie schnell zu zählst, ist dabei nicht unbedingt relevant, so lange es nur beim Ein- und Ausatmen gleich schnell ist. Bei dieser Übung ist nämlich das Verhältnis der Dauer vom Ein- und zum Ausatmen wichtig.

Wenn du die Übung ganz perfekt machen möchtest, solltest du beim Einatmen auf die Bauchatmung achten. Und beim Ausatmen wirklich die ganze Luft aus den Lungen bekommen. Allerdings funktioniert sie auch schon, wenn du einfach „herkömmlich" atmest, solange du auf die richtige Länge achtest. Du wirst merken, dass du dich ganz schnell viel ruhiger fühlen wirst und Panik- oder Angstzustände verschwinden. Zwei Minuten reichen auch hier schon. Und du wirst wieder auf alle Kapazitäten deines Gehirns zugreifen können.

Diese letzte Übung ist übrigens auch sehr effektiv, wenn du mal nicht einschlafen kannst, weil dich Sorgen quälen. Einfach entspannt hinlegen, Augen schließen, soweit möglich alle Muskeln (vor allem im Gesicht) entspannen und dann zehn Minuten nach dem Muster „7 ein und 11 aus" ganz ruhig und tief atmen. Ich gehe jede Wette ein, dass es keine zehn Minuten dauert, bis du eingeschlafen bist.

DIE 60 SEKUNDEN-BEWERTUNG

Sollte dir das Buch gefallen haben, wäre ich (und die vielen anderen Menschen, die wie du, auch auf der Suche nach ein wenig mehr Glück im Leben sind) dir unendlich dankbar, wenn du dir ganz schnell 60 Sekunden Zeit nehmen würdest und eine kurze Bewertung auf Amazon hinterlässt.

Du hilfst dabei, mehr Menschen auf die positive Lebensweise aufmerksam zu machen. Wollen wir nicht alle mehr positive Menschen in unserem Umfeld?

Gib einfach den folgenden Link in die Adressleiste deines Browsers ein oder nimm dein Handy und halt die Fotokamera auf diesen QR-Code:

https://amazon.de/review/create-review?&asin=B08YNPF43T

Über den Link kommst du direkt zur Bewertungsseite.

Vielen Dank!

SCHLUSSWORT

„Positive Taten setzen eine positive Einstellung voraus. "

— DALAI LAMA

So, nun sind wir am Ende angekommen. Ich hoffe, ich konnte dir ein paar neue und spannende Einsichten vermitteln und vor allem den Glauben daran, dass du schon alles hast, was du brauchst, um im Leben zuversichtlich und zufrieden zu sein.

Du weißt nun, dass du in jeder Situation die Wahl hast, wie du reagierst. Krisen passieren, so ist das einfach im Leben. Aber als Menschen haben wir immer die Wahl, WIE wir in einer Krise reagieren und was wir anschließend daraus machen. Niemand zwingt uns, eine Situation auf eine bestimmte Art und Weise zu betrachten. Wir wissen nie, was die Zukunft bringt - warum also nicht gleich einen positiven Ausgang erwarten? Diese Zuversicht ist lernbar. Denn auch das, was wir in der Vergangenheit getan haben, ist erlerntes Verhalten. Die moderne Hirnforschung, wie auch die Psychologie wissen inzwischen, dass unsere Persönlichkeiten sich ein Leben lang bis ins hohe Alter entwickeln und verändern können. Wenn wir es denn so wollen und die entsprechenden Entscheidungen treffen.

Das Leben als Mensch ist eine endlose Reihe von Entscheidungen. Anders als die restlichen Säugetiere treffen wir die Entscheidungen nicht ausschließlich unbewusst und instinktgesteuert. Wir haben als Menschen IMMER die Wahl. Ich weiß, ich wiederhole mich. Aber der Punkt ist einfach wichtig. Auch und gerade in Krisen.

Ich habe ausgeführt, dass alle Entscheidungen, die wir treffen Konsequenzen haben. Wenn wir uns entscheiden, Dinge schwarz zu sehen, ist die Wahrscheinlichkeit, dass es dann so kommt, relativ hoch. Das fängt schon mit der Entscheidung an, mit welchen Menschen du dich umgibst. Warum also nicht ganz gezielt nach den Optimisten in deinem Freundeskreis suchen und sie um Rat fragen, wenn du einmal nicht mehr weiter weißt. Sie können die Zukunft zwar auch nicht vorhersagen, aber glaube mir, die Reise wird so deutlich leichter und heiterer. Und wie sagte schon Mark Twain, der Autor, der Tom Sawyer und Huckleberry Finn erschaffen hat: „Ich hatte unzählige Sorgen in meinem Leben, von denen sich kaum eine je bewahrheitet hat." Der richtige Freundeskreis kann dir dabei helfen, ganz viel Sorgenballast gar nicht erst aufzuladen.

Die Statistik gibt mir (und Mark Twain) hier ebenfalls Recht. Katastrophen, die wir uns ausmalen, passieren tatsächlich so gut wie nie. Ein Mensch verarbeitet zwischen 50 000 und 70 000 Gedanken am Tag. Viele davon sind neutral und befassen sich mit der Organisation unseres Lebens (wie Schnürsenkel binden, Kaffeemaschine einschalten, welche Socken zur Hose passen und so weiter). Mehr als die Hälfte aller Gedanken sind üblicherweise negativ oder zumindest kritisch und nur drei Prozent positiv. Und nun Hand aufs Herz: Wie oft passiert einem am Tag tatsächlich etwas Schlimmes? Und wie oft dagegen etwas Schönes, für das wir dankbar sind? Gleichzeitig entpuppen sich aber auch die erwarteten Katastrophen, falls sie tatsächlich eintreten, als durchaus lösbar und manchmal sogar als Grund für eine positive Veränderung.

Wir haben aber auch betrachtet, wie jede Entscheidung unser Umfeld beeinflusst. Es funktioniert in beide Richtungen: Wenn du dir einen positiv eingestellten Freundeskreis suchst, färbt das auf dich ab. Wenn du wiederum selbst positiv auf andere Menschen zugehst, wird das ihr Verhalten dir gegenüber verändern. Schwierige Gespräche finden auf einmal bessere Abschlüsse, die Kommunikation mit dem Chef wird konstruktiver. Positiven Menschen traut man einfach mehr zu. Und man kann sie besser leiden.

Wenn du also von nun an regelmäßig eine positive Einstellung übst, dir deiner Optionen bei der Bewertung von Situationen und deiner Reaktion darauf bewusst bist und dir gut überlegst, wessen Rat dir wirklich wichtig ist - dann bist du bereits auf einem sehr guten Weg!

Ich wünsche dir viel Freude und vor allem Glück auf diesem Weg.

Alles Liebe für dich,

Johannes

ÜBER DEN AUTOR

Weitere Bücher:

Glücksprinzip - Vergangenheit loslassen

Homepage:
www.johannes-freitag.de

Facebook:
facebook.com/jfautor

Amazon Autorenseite:
https://www.amazon.de/Johannes-Freitag/e/B08YMR6F3Y

QUELLEN

KAPITEL 1: DIE SACHE MIT DEM SÄBELZAHNTIGER

https://lexikon.stangl.eu/23062/negativity-bias-negativitaetsbias/

https://www.wiwo.de/erfolg/beruf/positive-psychologie-wie-negative-gefuehle-das-gehirn-vernebeln/9870006.html

https://www.glueckskompetenz.at/von-natur-aus-ungluecklich-im-leben-3-gluecks-strategien-dagegen/

KAPITEL 2: OPTIMISTEN LEBEN LÄNGER

https://science.orf.at/v2/stories/2990482/

https://www.spiegel.de/gesundheit/psychologie/optimisten-leben-laenger-neue-studie-a-1283748.html

https://www.t-online.de/gesundheit/krankheiten-symptome/id_86332852/neue-studie-beweist-optimisten-leben-laenger.html

KAPITEL 3: DIE GRINSENDE STATUE – ODER "FAKE IT TILL YOU MAKE IT"

https://www.psychotipps.com/selbsthilfe/koerpersprache.html

https://www.palverlag.de/koerpersprache.html

https://www.rheacting.de/2019/10/13/koerpersprache-was-das-aeussere-ueber-uns-sagt/

https://www.impulse.de/management/selbstmanagement-erfolg/power-pose/7456525.html?conversion=ads

KAPITEL 4: DER INNERE DIALOG

https://www.focus.de/gesundheit/experten/hornig/die-bedeutung-des-inneren-dialogs-wie-selbstgespraeche-unsere-leistung-verbessern_id_3459527.html

https://loslassen.rocks/innerer-dialog-stimmen-im-kopf/

https://clevermemo.com/blog/glaubenssaetze-aufloesen-gedanken-kontrollieren/

https://www.weka.ch/themen/fuehrung-kompetenzen/mitarbeiterfuehrung/coaching-und-entwicklung/article/selbstcoaching-im-dialog-mit-sich-selbst/

KAPITEL 5: DAS UMFELD ÄNDERT SICH MIT

https://www.erschaffedichneu.de/warum-du-dir-dein-umfeld-gut-aussuchen-solltest/

https://erfolg-fokus.de/umfeld-beeinflusst-deine-konzentration/

https://psychologie-einfach.de/warum-du-die-welt-siehst-wie-du-sie-siehst/

https://www.wissensagentur.net/wieso-du-der-durchschnitt-der-5-menschen-bist-mit-denen-du-die-meiste-zeit-verbringst-und-was-das-fuer-dich-bedeutet-2821.html

KAPITEL 6: DIE MACHT DER GEWOHNHEIT

https://www.zeit.de/zeit-wissen/2013/02/Psychologie-Gewohnheiten/seite-4?utm_referrer=https%3A%2F%2Fwww.google.com

https://www.motiviertproduktiv.de/gute-gewohnheiten/

https://www.palverlag.de/lebenshilfe-abc/gewohnheiten.html

http://routiniert.com/gewohnheit-aendern/

KAPITEL 7: KRISENMANAGEMENT

https://www.selbstbewusstsein-staerken.net/emotionen-kontrollieren/

https://feigenwinter.com/emotionen-im-griff/

https://www.agitano.com/gedanken-bestimmen-die-innere-einstellung-und-die-koennen-sie-steuern-antje-heimsoeth-im-interview/86542

https://editionf.com/welche-gedanken-mir-helfen-wenn-ich-mich-mal-wieder-zu-sehr-ueber-etwas-aufrege/

(Zugriff auf Webseiten: 2020)

Impressum:

Herausgeber:

Orange Orchard LLC

30 N Gould St Ste R

Sheridan, WY 82801

USA

1. Auflage

Rechtlicher Hinweis:

Wir weisen darauf hin, dass wir keinerlei Therapieberatung erbringen. Die geschilderten Methoden und Schilderungen wurden teilweise zur besseren Verständlichkeit und Veranschaulichung vereinfacht dargestellt. Alle von uns erteilten Ratschläge fußen ausschließlich auf persönlicher Erfahrung und Meinung. Auch, wenn wir jede Empfehlung mit größtmöglicher Sorgfalt und umfangreicher Recherche entwickelt und fortlaufend kritisch hinterfragt haben, können wir hierfür keinerlei Gewähr bieten. Gleiches gilt auch für die Vollständigkeit und Richtigkeit der dargestellten Inhalte. Die erteilten Ratschläge können ferner auch keine fundierte und auf den individuellen Einzelfall zugeschnittene Beratung ersetzen. Wir können daher weder eine Erfolgsgarantie, noch eine Haftung für eventuelle Folgen ihrer Anwendung übernehmen.

Lightning Source UK Ltd.
Milton Keynes UK
UKHW012012070422
401263UK00002B/56